I0782890

América Latina y el Caribe:

Gobernabilidad Democrática. Política, Ciudadanía, Exclusión, Memoria y Demografía

Francisco Rojas Aravena
Andrea Álvarez-Marín
(Compiladores)

América Latina y el Caribe:

Gobernabilidad Democrática. Política, Ciudadanía, Exclusión, Memoria y Demografía

FLACSO

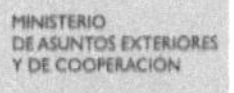

América Latina y el Caribe: Gobernabilidad Democrática. Política, Ciudadanía, Exclusión, Memoria y Demografía / compilado por Francisco Rojas Aravena y Andrea Álvarez-Marín. - 1a ed. - Buenos Aires : Teseo; FLACSO; AECID; Gobernabilidad y Convivencia Democrática en América Latina, 2011.
    254 p. ; 23x16 cm. - (Relaciones internacionales)

    ISBN 978-987-1354-82-5

    1. Relaciones Internacionales. I. Rojas Aravena, Francisco, comp. II. Álvarez-Marín, Andrea, comp.
    CDD 327

ÍNDICE

PRESENTACIÓN

Las contribuciones de los destacados académicos, en su momento miembros a título individual del Consejo Superior de FLACSO, constituyen significativos aportes al necesario conocimiento y debate acerca de la gobernabilidad y convivencia democrática, enfocados desde su particular disciplina académica.

La reflexión y análisis contenidos en esta publicación son relevantes y de suma importancia en el contexto actual de América Latina. La tercera ola de la democracia consolidó los sistemas electorales en la región, pero no trajo consigo la legitimidad de éstos. Aunque actualmente en la mayoría de los países de América Latina se practican elecciones periódicas, esto parece no haber contribuido a la consolidación de democracias inclusivas ni al bienestar general de las poblaciones.

América Latina y el Caribe enfrentan grandes procesos de cambio en la actualidad; sin embargo, es también observable la presencia de una creciente polarización política y social en muchos de los países de la región. Por un lado, se debaten modelos de desarrollo diversos; por otro, las asimetrías existentes entre los países y en el interior de los mismos se manifiestan con fuerza. Éstos se diferencian en sus grados de desarrollo, en los modelos que implementan para alcanzarlo, en los niveles de pobreza y desigualdad, en el tamaño de sus economías, en el crecimiento de ellas, en las políticas sociales y en el peso que pueden ejercer en la arena internacional. En relación con lo anterior, los países de la región deben enfrentar las amenazas transnacionales, como el crimen organizado, el cambio climático y las pandemias, la crisis financiera y alimentaria, entre otros.

Se requiere la generación de nuevos conocimientos sobre estas problemáticas, y de manera más importante, un conocimiento que surja y provenga de la región misma. En el pasado, nuestra región ha tenido la tendencia a importar modelos del exterior e implantarlos en nuestros países, sin tomar en cuenta los contextos específicos nacionales y regionales de América Latina. De ahí que la generación de pensamiento propio, adaptado a las particularidades históricas de cada país, y de la región como un todo, es un ingrediente clave para la generación de cambios positivos.

La gobernabilidad y la convivencia democráticas requieren respuestas integrales, amplias, plurales, desde diferentes enfoques y aproximaciones teórico-metodológicas. De ahí que el enfoque interdisciplinario que recoge este libro permita una mayor aproximación desde distintas dimensiones. Tanto la política y la ciudadanía, así como la exclusión, la memoria y la demografía son aristas importantes en la consecución de la gobernabilidad y la convivencia.

Los temas-problemas mencionados fueron debatidos en el reciente II Congreso Latinoamericano y Caribeño de Ciencias Sociales, celebrado en México DF en mayo de 2010. Este II Congreso contó con la participación de un distinguido grupo de académicos, políticos, diplomáticos, representantes de las organizaciones de la sociedad civil y de ONG. En una de las mesas magistrales, que contó con la participación de los Consejeros a Título Individual de la FLACSO, se expusieron los trabajos que constituyen los capítulos que contiene este libro. Sus exposiciones generaron importantes reflexiones desde una perspectiva regional comparativa, así como desde las disciplinas en las cuales son expertos, enriqueciendo los debates regionales latinoamericanos efectuados en el II Congreso. Este libro busca ampliar ese debate.

Agradezco a mis colegas del Consejo Superior de FLACSO por el trabajo realizado, el cual se caracteriza por la rigurosidad y la excelencia académica. Asimismo, aprovecho para felicitar a FLACSO-México por la gran organización del mencionado II Congreso, que continuó con los avances alcanzados en Quito en ocasión del Primer Congreso, en 2007, así como por su contribución al intercambio de conocimiento. Finalmente, congratulo y felicito a la Secretaría General de la FLACSO, por la coordinación del proyecto "Gobernabilidad y convivencia democrática en América Latina", en el cual han participado las diversas unidades académicas de FLACSO. Sus resultados enriquecerán el conocimiento sobre la región y se traducirán en políticas públicas que permitan mejorar la calidad de vida de los latinoamericanos/as en el siglo XXI. Quiero también destacar el aporte de la AECID, que ha permito desarrollar con gran éxito el mencionado proyecto, uno de cuyos resultados es este libro.

Mucho del trabajo al que corresponde esta edición, así como al actual proceso de consolidación de la FLACSO en América Latina, se deben a la tenacidad, capacidad e inteligente conducción de la Secretaría General. Nos sentimos profundamente complacidos y honrados por ser parte del Consejo Superior; nuestra gratitud y felicitación a Francisco Rojas Aravena, por hacernos sentir parte de tan importante proceso y de la institucionalidad de FLACSO. Prueba de ello es este libro. Felicitaciones por tan valiosa iniciativa.

Francisco Rhon

Presidente del Consejo Superior

Facultad Latinoamericana de Ciencias Sociales (FLACSO)

Ecuador, diciembre de 2010

Introducción
Gobernabilidad democrática, enfoques interdisciplinarios

Francisco Rojas Aravena[1]

A finales de la década de 1970, se inicia la tercera ola de la democracia a nivel global. América Latina rompió el ciclo político que durante el periodo 1945-1978 produjo frecuentes oscilaciones entre regímenes democráticos y autoritarios. A partir de esta fecha, gradualmente los regímenes militares llegaron a su fin, primero en América del Sur y posteriormente en Centroamérica, durante la década de 1990. Este proceso representó un salto cualitativo para los países de la región, pues por primera vez algunos países, especialmente los de Centroamérica, experimentaron los procesos democráticos. Actualmente, la mayoría de los países de la región tiene sistemas democráticos estables, una democracia electoral efectiva, y éstos han sido sostenidos en las últimas décadas. Sin embargo, a pesar de este hito histórico, persisten amenazas para su consolidación y para una profundización democrática. Estos países lograron consolidar sus sistemas electorales y la realización de elecciones periódicas, pero eso no se tradujo en una democracia social y económica más amplia.

Hoy en día, las democracias latinoamericanas se ven afectadas por factores internos, externos e interméticos, simultáneamente a factores internacionales y domésticos. En sus sistemas políticos existen altos niveles de corrupción,

---

[1]   Secretario General de la Facultad Latinoamericana de Ciencias Sociales (FLACSO).

la justicia no es pronta ni cumplida, se han erosionado los Estados de derecho, existen pugnas entre los distintos poderes, hay una falta de transparencia en las acciones gubernamentales, la confianza en las instituciones es baja y la confianza en el Congreso y en los partidos políticos es críticamente baja.[2] No hay un respeto pleno de los derechos políticos (derecho al sufragio, alternancia en el poder, voto secreto), ni de las libertades civiles (libre asociación, libre expresión, protección de la integridad de la persona respecto a abusos de poder).[3] A lo anterior cabe agregar la inestabilidad política, pues entre 1992 y el presente, doce mandatos presidenciales han sido interrumpidos.[4]

Desde el punto de vista socioeconómico, las economías latinoamericanas son vulnerables a las fluctuaciones de la economía internacional. Además, presentan altas tasas de desempleo, pobreza y desigualdad. Históricamente, la región se ha caracterizado por la presencia de amplios sectores excluidos (especialmente los jóvenes, las mujeres y los pueblos indígenas y afrodescendientes). El modelo de desarrollo adoptado en los años 1980 no generó inclusión. La exclusión sociocultural y la discriminación erosionan el sentido de pertenencia de estos grupos a los Estados nacionales, con el resultado del debilitamiento del tejido social y comunitario, lo que repercute negativamente sobre la convivencia social y la consolidación democrática.

Los problemas anteriores han provocado incrementos marginales en los índices de desarrollo humano durante las

---

[2]   Facultad Latinoamericana de Ciencias Sociales (FLACSO)-Secretaría General (2010), *Estudio de opinión pública en Latinoamérica 2009-2010*, San José, Costa Rica, FLACSO / IPSOS/ AECID. Disponible en línea: http://www.flacso.org/publicaciones/flacso-ipsos-final/

[3]   FLACSO-Chile (2004), *Gobernabilidad en América Latina. Informe regional 2004*, Santiago, Chile, FLACSO-Chile, p. 21.

[4]   Rojas Aravena, Francisco (2005), *La Gobernabilidad en América Latina: Balance reciente y las tendencias a futuro. I Informe del Secretario General de FLACSO*, San José, Costa Rica, FLACSO-Secretaría General, p. 11.

últimas décadas. Asimismo, hay altos niveles de violencia social. América Latina, especialmente América Central, es una de las regiones más violentas del mundo; lo anterior principalmente se manifiesta en altas tasas de mortalidad por homicidio. Incluso en algunos países, más personas mueren hoy como resultado de las nuevas formas de violencia que por la violencia desatada por las dictaduras militares y las guerras civiles de los años 1970 y 1980.[5] La percepción de la violencia es aun más alta, pues el 91,3% de los latinoamericanos considera que la delincuencia es una amenaza importante en América Latina.[6]

Además de la delincuencia, otro problema es la violencia ejercida desde los mismos Estados. Según Gerardo Munck, el Estado ejerce la violencia en América Latina a través de actos de *comisión* y *omisión*. Por un lado, hay violencia ejercida por los agentes del Estado como la policía a través de la represión. Por otro lado, es un problema de omisión por la falta de voluntad política o de la capacidad estatal, que resulta en la ausencia de seguridad pública y de un sistema de justicia que castigue las acciones u omisiones tanto de los agentes estatales como de los privados.[7]

A esto se suma que hay importantes problemas de carácter subjetivo. El advenimiento de las democracias en la región trajo consigo muchas expectativas de cambio en las poblaciones. Los latinoamericanos creían que los nuevos regímenes repercutirían positivamente en su calidad de vida. Cuando esto no sucedió, y en un contexto de alta

---

[5]   Munck, Gerardo (2003), "Gobernabilidad democrática a comienzos del siglo XXI: una perspectiva latinoamericana", en *Revista Mexicana de Sociología*, vol. 65, núm. 3, Universidad Nacional Autónoma de México (UNAM), México DF, México, julio-setiembre de 2003, p. 573.

[6]   FLACSO, *Estudio de opinión pública en Latinoamérica 2009-2010, op. cit.*

[7]   Munck, Gerardo, "Gobernabilidad democrática a comienzos del siglo XXI", *op. cit.*, p. 572.

desigualdad, el descontento de las poblaciones fue significativo. Los ciudadanos se volvieron pesimistas sobre sus posibilidades de generar cambios "desde abajo". Lo anterior se traduce en sistemas que pueden ser caracterizados como democracias débiles y vulnerables, con reducida densidad, debido a la baja participación electoral y a la debilidad de las organizaciones de la sociedad civil.

Los factores externos vienen a profundizar los problemas internos. Amenazas transnacionales como el crimen organizado, el cambio climático, las crisis financieras, alimentarias y energéticas y las pandemias como la de VIH / SIDA y AH1N1 repercuten negativamente sobre la gobernabilidad. Los Estados nación no tienen la capacidad de hacerle frente a estos desafíos de manera aislada, necesitan hacerlo en bloque. El problema es que las instancias multilaterales y de integración en la región son débiles. Hay gran recelo por parte de los gobernantes a ceder soberanía ante instancias supranacionales, y como consecuencia América Latina no ha logrado consolidar una única voz latinoamericana, una visión compartida sobre su rol y espacio en el sistema global.

Todo esto se traduce en que aproximadamente treinta años después de iniciada la tercera ola democrática, hay crecientes sentimientos antipolíticos y antidemocráticos en la región. Los latinoamericanos creen en la democracia como sistema político pero no creen que la democracia, tal como ésta se manifiesta en las instituciones y liderazgos del presente, sea capaz de hacer frente a los desafíos. Por ejemplo, datos de *Latinobarómetro de 2008* señalan que mientras apenas el 37% de los latinoamericanos estaba satisfecho con la democracia, el 66% confía en ella como el mejor sistema de gobierno para llegar a ser un país desarrollado.[8]

---

[8]   Corporación Latinobarómetro (2008), *Informe Latinobarómetro 2008*, Santiago, Chile, Corporación Latinobarómetro, pp. 105 y 109. Disponible

Otro problema es la importancia adjudicada a la democracia con respecto a los problemas económicos. En 2008, el 53% de los latinoamericanos señaló que no le importaría que un gobierno no democrático llegara al poder si le resolvía los problemas económicos. En el *Informe Latinobarómetro de 2009* se les pidió a los latinoamericanos que eligieran entre la democracia y el desarrollo económico "sin democracia". Un 44% señaló que la democracia era más importante.[9] De ahí que la democracia, por sí misma, no parece ser un fin para la mayoría de los latinoamericanos, mientras ésta no asegure un mayor bienestar socioeconómico en las poblaciones.

El anterior contexto ha promovido un gran interés académico, político e institucional sobre el estado de la gobernabilidad (o ingobernabilidad) en los países latinoamericanos. Los estudios actuales sobre gobernabilidad y democracia centran su atención en cuatro corrientes de análisis: 1) los fenómenos de la oferta política y los niveles de abstención de las democracias modernas; 2) las crisis de las democracias modernas ocasionadas por la burocratización de los partidos políticos y por la consecuente imposibilidad de que éstos cumplan su función de intermediarios eficaces para dirimir los conflictos que se suscitan entre la sociedad y el Estado; 3) la relación entre el déficit democrático y la pobreza. La pobreza y la inequidad sería la causa de los graves problemas actuales; y 4) el impacto de la violencia organizada y de los grupos armados ilegales sobre la democracia y la gobernabilidad en sectores urbanos.[10]

---

en línea: www.latinobarometro.org

[9]   Corporación Latinobarómetro (2009), *Informe Latinobarómetro 2008, op. cit.*, p. 83 y Corporación Latinobarómetro (2009), *Informe Latinobarómetro 2009*, Santiago, Chile, Corporación Latinobarómetro, 2009, p. 29. Disponible en línea: www.latinobarometro.org

[10] Ávila, Ariel (2011), "Grupos armados ilegales, violencia urbana y mafias coercitivas. La Gobernabilidad en Bogotá-Medellín", *Documentos sobre Gobernabilidad y Convivencia Democrática en América Latina*, San José, Costa Rica, FLACSO / AECID (en prensa), pp. 6-7.

Según el ex presidente colombiano Ernesto Samper Pizano, "la gobernabilidad puede ser definida como la capacidad que tienen los gobiernos elegidos democráticamente para dar órdenes y la disponibilidad de los ciudadanos gobernados para aceptarlas. La capacidad para ordenar, relaciona la gobernabilidad con la estructura formal de la democracia, el buen gobierno, la transparencia administrativa, se trata del funcionamiento mismo del poder. El acatamiento de esas órdenes nos remite a la legitimidad misma del sistema democrático: los ciudadanos aceptan el gobierno porque se sienten beneficiarios del mismo."[11] En la anterior definición se reflejan dos elementos claves: el binomio eficacia-legitimidad. La eficacia del gobierno se manifiesta en la consecución de sus objetivos y realización de sus funciones. La legitimidad consiste en la aceptación de su autoridad por parte de los ciudadanos.

Según estudios de FLACSO-Chile, existen dos dimensiones no excluyentes del concepto *gobernabilidad*: gobernabilidad como eficiencia institucional y gobernabilidad como articulación de intereses sociales. La primera de ellas se vincula con la capacidad que tiene el Estado de atender y resolver las demandas sociales. Un Estado es "gobernable" cuando cumple con ciertos requisitos o capacidades mínimas como el control efectivo del territorio, el control del monopolio de la fuerza, la formulación e implementación de políticas económicas, el mantenimiento de la disciplina fiscal, la capacidad de recaudación impositiva y el control efectivo de procesos administrativos diversos.[12]

---

[11]   Samper Pizano, Ernesto (2010), "América Latina: una revolución inacabada", *Documentos sobre Gobernabilidad y Convivencia Democrática en América Latina*, San José, Costa Rica, FLACSO / AECID, p. 3. Disponible en línea: http://www.flacso.org/fileadmin/usuarios/documentos/FIN_DE_ANO/SAMPER.pdf

[12]   FLACSO-Chile, *Gobernabilidad en América Latina, op. cit.*, p. 13.

La segunda definición incluye a la primera y es más amplia, pues considera al conjunto de los intereses sociales. Es decir, la gobernabilidad es el conjunto de mecanismos, procesos y relaciones e instituciones mediante los cuales los ciudadanos y los grupos articulan sus intereses, ejercen sus derechos y obligaciones y median sus diferencias.[13]

Según este análisis, las condiciones de la gobernabilidad estarían dadas por: a) la existencia de un contexto internacional que privilegia la resolución pacífica y negociada de conflictos; b) el control efectivo del territorio e imperio de la ley; y c) el desarrollo de un conjunto integrado de políticas destinadas a fortalecer el Estado de derecho, promover el respeto a los derechos humanos, subordinar las Fuerzas Armadas al orden civil, fortalecer la transparencia de la función pública, garantizar la satisfacción de las necesidades básicas, integrar a los sectores excluidos, promover la participación de la sociedad civil y difundir una cultura de tolerancia y respeto frente a las diferencias.[14]

Además, es necesaria la creación de instituciones claves. Según el Programa de Naciones Unidas para el Desarrollo (PNUD), estas instituciones son: 1) un sistema representativo con partidos políticos que funcionen correctamente y asociaciones basadas en intereses comunes; 2) un sistema electoral que garantice elecciones libres y justas, así como el sufragio universal; 3) un sistema de controles y comprobaciones basado en la separación de poderes, en el que el Poder Judicial y el Poder Legislativo sean independientes; 4) una sociedad civil dinámica, capaz de supervisar al gobierno y a las transacciones privadas, y de brindar alternativas para la participación política; 5)

---

[13]   *Ibíd.*, p. 14.
[14]   *Ibíd.*, p. 15.

medios informativos libres e independientes; y 6) un control eficaz del Ejército y de las otras fuerzas de seguridad.[15]

Sin embargo, el concepto de gobernabilidad puede resultar equívoco.[16] En América Latina, uno de los principales problemas es cómo ha sido interpretado ese concepto por las élites políticas. Para muchas élites, la ingobernabilidad ha sido interpretada como obediencia y sumisión frente a los órganos gubernamentales. Han interpretado la gobernabilidad como sinónimo de estabilidad política. La gobernabilidad ha pasado a ser entendida como un fin en sí mismo, independientemente de los problemas en las esferas económica, social o política.

Desde la perspectiva de Joan Prats, si la gobernabilidad fuera un fin en sí misma, tendríamos que medirla y ordenar los países en más o menos gobernables en función de la capacidad del régimen político para integrar a los actores estratégicos y asegurar la eficacia del ejercicio de la autoridad. La gobernabilidad vendría a coincidir con el grado de "ley y orden" existente, independientemente de la naturaleza y calidad de la ley y de las consecuencias

---

[15]   Programa de las Naciones Unidas para el Desarrollo (PNUD) (2002), *Profundizar la democracia en un mundo fragmentado. Informe sobre desarrollo humano 2002*, Nueva York, Estados Unidos, PNUD / Oxford University Press, p. 4. Disponible en línea: www.undp.org

[16]   Muchos autores optan por usar el concepto de gobernanza, pues afirman que mientras el concepto de "gobernabilidad" hace referencia sólo al sistema político, el de "gobernanza" tiene una connotación más global que incluye los sistemas político, económico y social. La gobernanza haría referencia al arte o manera de gobernar que se propone como objetivo el logro de un desarrollo económico, social e institucional duradero, promoviendo un sano equilibrio entre el Estado, la sociedad civil y el mercado. Ver: Revilla, Marisa y Suárez, Ignacio (2010), "Hacia una mayor eficacia de la cooperación internacional para la gobernabilidad y la convivencia democrática en América Latina", *Documentos sobre Gobernabilidad y Convivencia Democrática en América Latina*, San José, Costa Rica, FLACSO / AECID, p. 12. Disponible en línea: http://www.flacso.org/fileadmin/usuarios/documentos/mas_documentos/Investigaciones%20Tem%C3%A1ticas/Revilla-Suarez.pdf

económicas y sociales del tipo de orden vigente. El problema es que la gobernabilidad así planteada es ajena a la idea de desarrollo.[17]

Una gobernabilidad para el desarrollo, entendida en sentido amplio, depende de una combinación virtuosa de tres elementos centrales.[18] Primero, el fortalecimiento político institucional. La capacidad de un Estado legítimamente establecido de atender las demandas sociales; el control efectivo del territorio; el monopolio en el ejercicio del uso legítimo de la fuerza y la capacidad de las autoridades para implementar políticas eficaces. Todo lo anterior garantizando el pleno respeto de todos los derechos humanos.

El segundo elemento es la búsqueda del desarrollo socioeconómico y la integración social. La generación de políticas que satisfagan las necesidades básicas de la población. Se debe atender con la aplicación de medidas focalizadas para proteger a los grupos en situaciones de mayor vulnerabilidad, pero también deben ponerse en marcha procesos universales de mediano y largo plazo en educación, salud pública y vivienda.

Finalmente, se debe promover un clima internacional que privilegie la resolución pacífica y negociada de conflictos. Lo anterior implica el fortalecimiento de los regímenes internacionales construidos sobre la base del multilateralismo cooperativo y la preeminencia del Derecho Internacional. Este último elemento es clave en la época de la globalización para hacerle frente a las amenazas transnacionales.

---

[17] Prats, Joan (2001), "Gobernabilidad democrática para el desarrollo humano. Marco conceptual y analítico", en *Revista Instituciones y Desarrollo*, núm. 10, Instituto Internacional de gobernabilidad de Cataluña (IIG), Barcelona, España, octubre de 2001, p. 12.

[18] FLACSO-Chile, *Gobernabilidad en América Latina, op. cit.*, pp. 14-15; y Rojas Aravena, Francisco, *La Gobernabilidad en América Latina: Balance reciente y las tendencias a futuro, op. cit.*, pp. 9-10.

Otro concepto ligado al de la gobernabilidad es el de la convivencia democrática. Uno de los objetivos de la gobernabilidad es precisamente la convivencia democrática.[19] La satisfactoria vida en comunidad contribuye con la cohesión social y con la consolidación del sentido de pertenencia a redes más amplias y al Estado nación en general. La convivencia social contribuye con la estabilidad sociopolítica, con la construcción de capital social y con la consecución de metas nacionales y regionales.

El problema en la América Latina actual es que la convivencia democrática no caracteriza a nuestra región. El tejido social se ha fragmentado y hay una alta desconfianza interpersonal. Por ejemplo, en 2009 sólo un 21% de la población afirmó que se podía confiar en los demás.[20]

Los Estados nación han tradicionalmente definido su identidad en relación con la herencia colonial. Durante el siglo XIX, los gobernantes intentaron crear sociedades homogéneas que emularan a los países europeos. Las identidades nacionales resultantes tendieron a invisibilizar a los grupos socioculturalmente diversos, en especial a los pueblos originarios y las poblaciones afrodescendientes. Esto lo hicieron con base en la suposición de que había que elegir entre unidad nacional y diversidad cultural. El "otro" (no sólo los indígenas y afrodescendientes, sino también las mujeres, los jóvenes, las personas con orientación sexual diversa, las minorías religiosas y los extranjeros) ha sido permanentemente "desvalorizado" y caracterizado como inferior. El rechazo al "otro" atenta contra la convivencia democrática.

---

[19]   Guzmán, Juany (2009), "Apuntes sobre gobernabilidad y convivencia democrática", *Documentos sobre Gobernabilidad y Convivencia Democrática en América Latina*, San José, Costa Rica, FLACSO / AECID, p. 1. Disponible en línea: http://www.flacso.org/uploads/media/Juany_Guzman.pdf

[20]   Corporación Latinobarómetro, *Informe Latinobarmetro 2009, op. cit.*, p. 33.

Relacionado con lo anterior, Norbert Lechner habla de la erosión de las normas de civilidad en las sociedades. Según Lechner, la decencia, el respeto y la tolerancia permiten establecer un acomodo recíproco aun en las relaciones fugaces del tránsito callejero. En la medida en que la modernización impulsa las diferencias sociales y debilita la noción de orden colectivo, esas normas sociales se desgastan. La violencia urbana, la corrupción impune y la inestabilidad del empleo debilitan aun más la convivencia social. Y para Lechner no hay gobernabilidad democrática sin cultura cívica.[21]

En América Latina se debe fortalecer el tejido social, el respeto a la diversidad y la convivencia democrática. Como bien lo afirmaba el ex presidente de Costa Rica Rodrigo Carazo, "una efectiva convivencia, una mayor armonía y concordancia social demandan ir más allá de la 'tolerancia', ello se logra con prácticas sociales que se enraícen en la sociedad, se promueven desde la escuela, desde la familia y con políticas públicas orientadas a la integración e inclusión. Esto permitirá pasar de la raya de la tolerancia y llegar a la condición magnífica de no notar la diferencia."[22]

La necesidad de generar políticas públicas en torno a la consolidación de la gobernabilidad y la convivencia democráticas es una de las razones por las cuales la Secretaría General de FLACSO está coordinando el

---

[21]   Lechner, Norbert (1997), "Los condicionantes de la gobernabilidad democrática en América Latina de fin de siglo", Buenos Aires, Argentina, FLACSO-Argentina, p. 7. Disponible en línea: http://catedras.fsoc.uba.ar/toer/articulos/txt-lechner.html

[22]   Carazo, Rodrigo (2009), "La convivencia es la raíz de la gobernabilidad", *Documentos sobre Gobernabilidad y Convivencia Democrática en América Latina*, San José, Costa Rica, FLACSO / AECID, p. 2. Disponible en línea: http://www.flacso.org/fileadmin/usuarios/documentos/Gobernabilidad_y_Convivencia/La_convivencia_es_la_raiz_de_la_gobernabilidad.pdf

proyecto "Gobernabilidad y convivencia democrática en América Latina", con el auspicio de la Agencia Española de Cooperación Internacional para el Desarrollo (AECID). Este proyecto es de carácter latinoamericano y caribeño, y abarca diecisiete países en cuatro subregiones: Mesoamérica, Caribe, Países Andinos y Cono Sur.

Este proyecto busca explorar, analizar y precisar la relación entre gobernabilidad y convivencia democrática desde tres abordajes interconectados, pero diferenciados entre sí: ciudadanía, desarrollo local y nuevo conocimiento. Las dos primeras dimensiones permitirán al proyecto tener impacto en la formulación de políticas públicas, mientras que la tercera aportará al desarrollo de nuevo conocimiento, tarea impostergable en una América Latina, que requiere con urgencia la construcción de pensamiento propio y paradigmas capaces de interpretar mejor sus particularidades históricas.

El objetivo general del proyecto es analizar las relaciones entre la convivencia y la gobernabilidad democrática en América Latina y el Caribe, y las posibilidades de su consolidación y ampliación por medio de políticas públicas que impacten de manera positiva las condiciones de tres sectores sociales especialmente vulnerables en la región: jóvenes, mujeres y pueblos indígenas.

En el marco de este proyecto, el objetivo de este libro es aportar a los debates sobre gobernabilidad y convivencia democrática. Aquí se recogen los aportes de los Consejeros a Título Individual del Consejo Superior de la FLACSO. Desde un enfoque multi e interdisciplinario, los debates giran en torno a una amplia gama de conceptos relacionados con la gobernabilidad y la convivencia: la política, la ciudadanía, la exclusión, la memoria y la demografía.

El politólogo *Francisco Valdés* se refiere a las dos evoluciones de la conformación de los sistemas democráticos en América Latina. Una se ha mantenido en los límites del

Estado liberal desde la perspectiva de la preservación de las libertades fundamentales y el equilibrio entre poderes, y otra que ha derivado en fórmulas populistas en las que alguna de esas dos condiciones o las dos son vulneradas. Para Valdés, al aparecer el conflicto distributivo, los grupos dominantes recurren a opciones políticas (o militares) y los grupos dominados propician la emergencia de dirigencias y formas de acción política, que en aras de la "democratización social", echan por la ventana las "formas" liberales.

Valdés se pregunta: ¿qué hay en los Estados latinoamericanos que los hace incapaces de armonizar sistemas políticos democráticos y desarrollo económico y social moderno? Entre las explicaciones cita la existencia de un Estado patrimonialista, la exclusión de varios sectores de los puestos de dirección, la dificultad de someter a los poderes extra estatales a las reglas formales del derecho, la escasa recaudación, escasa cantidad de recursos destinados a la seguridad social y al gasto social, la desigualdad persistente y la mala distribución del ingreso, la violación de derechos humanos, los patrones elevados de violencia, etc.

Desde el punto de vista de la evolución reciente, afirma que se pueden observar tres tipos de sistemas democráticos: a) los que mantienen una democracia liberal estable; b) los que tienen sistemas democrático-liberales con graves problemas para su estabilidad; y c) los que han derivado hacia formas de cesarismo político y se apartan de la democracia liberal bajo el argumento de que ésta no es capaz de resolver los problemas de las mayorías.

El historiador y politólogo *Gerardo Caetano* analiza los impactos políticos de la crisis financiera global. El autor expone el contexto latinoamericano en que impacta la crisis, en el cual se ha venido generando un signo general de cambio político en la diversidad. Actualmente, hay un marco amplio de propuestas no homogéneas que son en su mayoría caracterizadas como "el giro a la izquierda". Caetano señala el proceso de la "metamorfosis de la representación", donde los principios fundacionales no desaparecen, pero deben resignificar muchos de sus contenidos ante transformaciones emergentes. Esta *metamorfosis* altera los cimientos de la vida democrática, provoca el territorio para los "procesos de reacción antipolítica" y el distanciamiento crítico de los ciudadanos frente a instituciones claves de la representación (partidos políticos y Parlamento). También abre muchos espacios y posibilidades para el arraigo de nuevas formas políticas, sustento de ciudadanías y democracias "diferentes".

El impacto de la crisis no hace más que amplificar la visibilidad de estos procesos. Afirma que el cambio político de la última década expresa la visibilización y el estallido de muchas "revoluciones silenciosas" que fueron madurando en el pasado reciente. Su hipótesis es que el impacto de la crisis global sobre la evolución del próximo ciclo electoral 2009-2011 puede configurar un valioso "test" para explorar los límites y los alcances del proceso histórico de cambio que atraviesa la política latinoamericana en este comienzo del siglo XXI. Afirma que desde la región, una respuesta certera ante la crisis también puede configurar una oportunidad para profundizar en ciertas definiciones políticas estratégicas como: renovar la voluntad política integracionista; relanzar estrategias eficaces de reinserción internacional; la promoción de acuerdos nacionales y regionales para activar nuevos proyectos de desarrollo con visión más integral y estratégica; renovar compromisos para confirmar políticas de reintegración social; la reafirmación más contundente del camino democrático como vía para garantizar la gobernabilidad y los cambios sociales de signo positivo de los últimos años.

El economista *Osvaldo Martínez* explica la relación entre pobreza, desigualdad social y democracia. El autor asevera que si durante varias décadas la pregunta que centró la ocupación intelectual fue ¿cómo salir del subdesarrollo?, después de la etapa de las dictaduras militares y la salvaje represión, la pregunta pasó a ser ¿cómo salir de las dictaduras? El problema fue que se empezó a pensar la democracia como un fin en sí mismo, despojado de contenido socioeconómico, de dominación clasista y vista como la vía para dejar atrás las dictaduras. Este cambio implicó exaltar la democracia como un valor abstracto, intemporal, universal, más allá de sociedades concretas. Martínez afirma que se dio el paso de la democracia a la gobernabilidad democrática, más interesada en reproducirse como gobernabilidad que en plantearse el contenido real de la democracia. La gobernabilidad así entendida ignora el sentido de relaciones sociales bajo el capitalismo. Los conceptos de democracia y ciudadanía son abstracciones vacías que encubren la desigualdad real bajo el manto de la igualdad formal.

Martínez adjudica al anterior contexto el surgimiento de los gobiernos que acogen el socialismo del siglo XXI. Critica que a estos gobiernos se les caracterice como autoritarios, pues afirma que son gobiernos elegidos mediante elecciones democráticas. Asevera que mientras la teoría liberal de la democracia prioriza el ritual y los procedimientos, éstos serán incapaces de conjugar democracia y justicia social, promoviendo mayor participación de los tradicionalmente excluidos.

La psicóloga *Elizabeth Lira* analiza la relación entre la memoria y la convivencia democrática. Define los conceptos de memoria individual, memoria colectiva y memoria política, y profundiza en el último, específicamente en el caso de Chile. Afirma que en ese país las reconciliaciones políticas se han basado en *leyes de olvido*, leyes de amnistía. En éstas se afirma que el olvido del pasado asegura la paz y la estabilidad. En cambio, la memoria como proceso social da lugar a la reivindicación de otras visiones sobre los mismos hechos. La memoria política forma parte de las estrategias para enfrentar las consecuencias de conflictos políticos y recuperar la convivencia y la paz social.

La autora se enfoca principalmente en los esfuerzos por rescatar la memoria sobre la dictadura (1973-1990), y afirma que la memoria sobre ese pasado se manifiesta en un conjunto de acciones de memoria realizadas con el propósito de que *nunca más* se repitan esas acciones. También hace referencia a la memoria como deber y a la memoria como derecho. El *deber de memoria* se funda en la lealtad y en los afectos con las víctimas, y también es expresión de una responsabilidad social hacia la comunidad humana global, publicitando el conocimiento de esa violencia y sus efectos, y convocando a que nunca más se repita. Por otro lado, memoria como derecho enfatiza los valores democráticos como el eje articulador de todas las memorias. Pone el acento en una lectura crítica del pasado que posibilite construir diques morales e institucionales para impedir que las violaciones de derechos humanos se constituyan en una amenaza política en el futuro, y garantizar que la impunidad no sea el fundamento de la paz social.

Finalmente, la demógrafa *Carmen Miró* aporta al debate sobre la gobernabilidad y la convivencia democráticas desde su disciplina. La autora hace referencia al proceso de transición demográfica en América Latina. Éste ha modificado las estructuras por edades, caracterizado por una disminución de la proporción de los menores de 15 años, un crecimiento de la de jóvenes entre 15 y 19, un crecimiento de la población en edad de trabajar entre 20 y 59 años, y un crecimiento del grupo de 60 y más. El mayor crecimiento de los adolescentes y adultos jóvenes exige la adopción de medidas especiales dirigidas a tal grupo, para atender los múltiples problemas que plantea. El segundo grupo es el de la población en edades de trabajar, cuyo crecimiento ciertos profesionales han calificado como "bono demográfico", designación equivocada porque en América Latina se da un alto nivel de desempleo, por lo que el crecimiento de ese grupo complica el ya difícil problema de la no utilización de la fuerza de trabajo potencial. El crecimiento de la población de 60 años es el que mayor preocupación concita, ya que se trata de un grupo que en un alto porcentaje es "dependiente".

Luego explica el aporte que tendría la demografía en el abordaje de temas como la concentración urbana, el empleo y el crecimiento económico, las migraciones, las estructuras familiares, el crecimiento de la población, la pobreza y la desigualdad, y el desarrollo sustentable. Enfatiza que en cada uno de estos temas las políticas deben ser concebidas "en función de la población para la población y por la población". Esto evidencia la necesidad de integrar las variables demográficas al proceso de planificación, particularmente en sus fases de diagnóstico y proyección.

Este libro, que ha contado con el apoyo de la AECID, recoge los principales aportes de los Consejeros a Título Individual de la FLACSO, que ejercían sus funciones en el año 2010, a los cuales les expreso nuestro agradecimiento por sus análisis y reflexiones sobre la gobernabilidad y la convivencia democrática desde diversas ópticas culturales y profesionales, así como de distintas perspectivas nacionales. El estudio sobre la democracia, sobre las condiciones de la gobernabilidad, y la convivencia y la amistad cívica, constituye un aspecto esencial para el desarrollo de América Latina y el Caribe, así como para afianzar políticas públicas de Estado que permitan superar las grandes inseguridades, reducir y limitar la violencia, y propiciar un crecimiento económico sostenible para el conjunto de la sociedad, ampliando las oportunidades de acceso al bienestar. Más y mejores conocimientos nos permitirán diseñar, producir y desarrollar políticas públicas de mayor impacto para el mayor número.

Con la publicación de esta obra, FLACSO contribuye con el desarrollo de su visión y se fortalece como puente entre el mundo académico e intelectual y el mundo de los decisores responsables de las políticas públicas.

AMÉRICA LATINA: ENTRE MINIMALISMO DEMOCRÁTICO Y MAXIMALISMO CESARISTA

Francisco Valdés Ugalde[23]

"There is [...] another and more insidious route from democracy to oligarchy. Even if most members of the demos continue to believe in the desirability of [the] fundamental rights, they may fail to undertake the political actions that would be necessary in order to protect those rights from infringements imposed by political leaders who posses greater resources for gaining their own political ends."

Robert A. Dahl

"Entre derechos civiles, derechos políticos y derechos sociales debe existir una íntima vinculación, por lo que todo reduccionismo opaca la noción de ciudadanía."

Juan Carlos Portantiero

Cuando el gran escritor cubano Alejo Carpentier escribió *El recurso del método*, aludió irónicamente a una excepción en los modos de ser. Apartados del racionalismo cartesiano, los latinoamericanos habríamos vivido bajo la sombra cultural del dictador aclamado culposamente o convocado por error.

Las dictaduras, los autoritarismos, son fenómenos emergentes de mayores profundidades que la sola voluntad de implantarlos. A la inversa, la democracia, si tiene

---

[23]   Al momento de escribir este artículo fungía como Consejero a Título Individual de la Facultad Latinoamericana de Ciencias Sociales (FLACSO). Actualmente es el Director de FLACSO-México.

éxito, es mucho más que el deseo (o el acto) de implantar sistemas electorales equitativos.

América Latina proviene de un pasado que combina luces y sombras, como cualquier región del mundo. Pero las sombras han sido persistentes, especialmente a la luz de los reflejos emitidos por las sociedades en las que ubicamos nuestro origen o nuestro destino en Europa y el norte de América. Nuestras sociedades han crecido con la carga y no pocas veces el estigma de la opresión, la profunda desigualdad y la pobreza, la ausencia de productividad, la polarización política, en fin, con el síndrome de la autoderrota.

Sin embargo, conviven con ellas imaginación exuberante, inaudita capacidad de resistencia, profundidad y raigambre cultural, entre otras virtudes sufridoras. Entre las más recientes se cuenta una que acaso sea inédita por su extensión geográfica y profundidad de sentido: la lucha por los derechos de los individuos en sus diversas formas y etapas bajo sistemas electorales democráticos. En la medida que en América Latina se han ido extendiendo los sistemas políticos democráticos, se han ampliado las modalidades del conflicto sobre los alcances y dimensiones de los derechos civiles, económicos, culturales y de sectores específicos (por ejemplo, derechos de género).

La apertura política, a pesar de insuficiencias y rasgos diferenciales de los sistemas políticos, ha significado una expansión de las expectativas de bienestar. Una de las expresiones de este fenómeno es la búsqueda de ampliación de derechos. Sean derechos civiles y políticos, sean culturales o étnicos, sean económicos o sociales, bajo condiciones democráticas la exigencia de democracia se ha tornado en exigencia de derechos dentro de Estados que son democráticos en sus reglas y procedimientos de acceso al poder.[24]

---

[24]   Un desarrollo detallado puede encontrarse en Valdés-Ugalde, Francisco y Ansolabehere, Karina María (2010), "Conflicto constitucional

Esta tendencia refleja un desafío a la democracia como sistema político.

El desafío consiste en si, puesto en palabras de Norberto Bobbio, la democracia liberal es susceptible, en América Latina, de dar cabida no únicamente al Estado liberal, sino también al Estado social, asumiendo como propia la idea de este autor en el sentido de que el "Estado liberal y el Estado democrático cuando caen, caen juntos."[25] En lo que sigue quiero referirme a este problema.

Como parece claro a los ojos del observador estándar, en América Latina se han dado dos evoluciones principales de la conformación de los sistemas políticos democráticos. Una que se mantiene en los límites del Estado liberal desde el punto de vista de la preservación de las libertades fundamentales y el equilibrio entre poderes, y otra que ha derivado en fórmulas populistas en las que alguna de esas dos condiciones o las dos son vulneradas.

Desde esta perspectiva, un dato preocupante en la percepción social del desarrollo político en América Latina es que la mayoría de los ciudadanos podría preferir gobiernos "menos" democráticos que "resuelvan los problemas económicos" a gobiernos "más democráticos" pero incapaces de hacerlo. Una gran cantidad de reportes confirman esta tendencia a la que se vincula otra, no menos preocupante: la disposición de ciertos partidos u opciones de liderazgo político para apelar a esa urgencia de las ingentes necesidades sociales en una búsqueda por establecer gobiernos autoritarios que ofrezcan "soluciones" a los sectores menos favorecidos de la sociedad, a cambio de apoyo para

---

en América Latina: entre la inclusión y el cinismo", en Puchet, Martín, Rojas, Mariano, Valdés, Francisco y Valenti, Giovanna (Eds.), *América Latina: problemas centrales y oportunidades promisorias*, México DF, México, FLACSO-México (en prensa).

[25] Bobbio, Norberto (1992), *La Democracia en América Latina*, México DF, México, FCE.

construir monopolios de poder político, con el sustento adicional de poderes fácticos, regularmente corporativos, sean económicos, sociales, militares y/o religiosos.

¿Es posible salir de este dilema entre democracias con gobiernos ineficientes y utopías regresivas? El informe del PNUD sobre la democracia en América Latina da un atisbo de respuesta.[26] Recurriendo a los conceptos formulados por el gran sociólogo inglés Thomas Humphrey Marshall en una célebre conferencia impartida en 1946,[27] la democracia se forma en su base no sólo por votantes sino también por ciudadanos; lo que implica que los hombres y las mujeres que son titulares de la soberanía sean algo más que emisores de votos para encumbrar en el poder a los gobernantes que compiten por esos votos, y que dicho voto surja de una decisión derivada de la manera en que los ciudadanos evalúan la condición que guardan sus derechos políticos, civiles y sociales.

El derecho político fundamental del voto evolucionó en los países del Atlántico Norte asociándose progresivamente a derechos civiles, entre los cuales están "los derechos necesarios para la libertad individual y personal, la libertad de palabra, pensamiento y fe, el derecho de poseer propiedad y a realizar contratos válidos, y el derecho a la justicia", y los derechos sociales, entre los que se cuentan: "Desde el derecho al bienestar y seguridad económica básica hasta el derecho a participar plenamente del patrimonio social y

---

[26]   Programa de las Naciones Unidas para el Desarrollo (PNUD) (2004), *La democracia en América Latina. Hacia una democracia de ciudadanas y ciudadanos*. Nueva York, Estados Unidos, PNUD.

[27]   Marshall, Thomas H. (1947), "Sociology at the Crossroads", Conferencia inaugural dictada en la London School of Economics, 21 de febrero de 1946. Londres, Inglaterra, Longmans, Green. Esta conferencia fue recogida luego en Marshall, T. H. (1950), *Citizenship and Social Class and Other Essays*, Cambridge, Inglaterra, Cambridge University Press.

vivir la vida de un ser civilizado de acuerdo con el estándar prevaleciente en la sociedad."[28]

Debe tenerse presente que la conquista de la ciudadanía que describe Marshall fue resultado de una evolución política muy compleja y conflictiva. Para ofrecer solamente un resumen básico, en los casi cien años que van de 1848 a 1945 se libró una guerra civil por motivos raciales en Estados Unidos, varias revoluciones sociales en tres continentes, guerras regionales incontables y dos guerras mundiales (sin contar la posterior Guerra Fría), que al concluir dieron motivo a la mayor inversión pública masiva de capitales hasta entonces conocida, con el objeto de reconstruir Europa, el Plan Marshall ideado por otro Marshall (George C.), a la sazón Secretario de Estado de Estados Unidos.[29]

Millones de personas perdieron la vida directa o indirectamente a causa de los conflictos suscitados en la construcción o desembocadura de la democracia política y para vincularla a la producción de formas de bienestar colectivo. Una de las claves para comprender la evolución política del mundo contemporáneo es que el Estado liberal fue abierto a un número cada vez mayor de ciudadanos que contribuyeron a enriquecerlo y recibieron de sus instituciones crecientes calificaciones desde el punto de vista social y cultural. Lo que inicialmente fue un sistema de pensamiento limitado a la construcción de gobiernos

---

[28] PNUD, *La democracia en América Latina, op. cit.,* p. 33. El Informe peca de optimista respecto al "estándar prevaleciente en la sociedad", pues puede variar incluso negativamente respecto de lo que puede entenderse como "ser civilizado", pero asumimos que en la definición hay una buena intención.

[29] Entre 1948 y 1951, el Plan Marshall había canalizado más de 12.000 millones de dólares de dinero del público estadounidense para contribuir a la reconstrucción de Europa democrática. Aplicando el índice de precios al consumidor (inflationdata.com) a valores de 2010, esta cifra sería de cerca de 108.000 millones de dólares.

restringidos, que garantizaran las libertades básicas de quienes entonces, en los siglos XVIII y XIX, eran ciudadanos, y que se identificaban casi por completo con la minoría formada por las clases privilegiadas, se abrió a presiones igualitarias que dieron paso a una sociedad más compleja, menos injusta y más educada. Esta no fue una evolución fortuita, ni un camino marginal, sino un desarrollo que ha terminado por mostrar una vía real. Habría que agregar que sin el Plan Marshall la democracia en Europa sería difícilmente explicable. Por razones equivalentes lo mismo puede decirse de Japón y los Estados Unidos. La estabilidad económica y social, el amplio horizonte abierto al desarrollo económico, si bien tuvieron en estos casos distinto origen, fueron igualmente determinantes de la consolidación de la democracia. El desarrollo característico de las economías avanzadas del Atlántico Norte, conllevó intrínsecamente la construcción de dos instituciones de la mayor relevancia para el igualitarismo: impersonalidad y libre acceso. Estas características son indispensables para entender la vinculación entre desarrollo económico y técnico avanzado y democracia moderna. La sustitución de las relaciones personales (patrimonialismo, servidumbre, etc.) por relaciones impersonales entre individuos y el establecimiento de reglas que permiten el libre acceso y salida de los individuos de los "juegos" económicos, políticos y sociales, es decir, la libertad para decidir qué tipo de vinculaciones se adoptan, adquirieron una centralidad sin la que es imposible explicar esa vinculación.[30]

---

[30] North, Douglass C., Wallis, John Joseph y Weingast, Barry R. (2009), *Violence and Social Orders*, Cambridge, Inglaterra, Cambridge University Press, pp. 148-250. Estas dos condiciones están relacionadas con el carácter de la "civilización" a la que alude el Informe del PNUD. Sin ellas, la civilización sigue siéndolo en el sentido historiográfico, pero no necesariamente en términos de los valores de la civilización occidental moderna.

La dislocación endémica de las instituciones del Estado democrático en América Latina está directamente relacionada con el continuo divorcio entre liberalismo, derechos civiles y desarrollo social y humano. Esto tiende a ocurrir principalmente en los países con mayor desigualdad, que son casi todos.

En el subcontinente, los grupos económicamente encumbrados tienen un dominio hipertrofiado sobre las políticas públicas que reduce la autonomía estatal y la representación de los agentes socialmente relevantes en ellas. Esto se debe tanto a la debilidad institucional fiscal del Estado como a la presencia de "coaliciones decisivas" público-privadas de corte generalmente rentista, que tradicionalmente se han colocado por encima de las reglas escritas del derecho y, cuando es necesario, lo manipulan en su favor.

Por otro lado, los grupos desfavorecidos son endémicamente marginados en la formación de decisiones y políticas públicas en las cuales terminan por ver sus intereses constantemente postergados o subordinados a los de los primeros. De manera complementaria a esto, la "segmentación" social en que se puede describir la desigualdad es también una segmentación de sistemas de normas y reglas de acción que establecen canales diferenciales de acceso a diversos "bienes" para cada grupo social, por lo que las reglas generales, características de la igualdad jurídica, tienen una baja codificación o una codificación secundaria para los patrones y cursos de acción iterados. En otras palabras, bajo estas condiciones ni la impersonalidad ni el libre acceso están presentes en las condiciones sociales que son prerrequisitos de la democracia y del desarrollo económico avanzado.

Esta es una de las razones principales por las que en la mayor parte de América Latina, liberalismo y democracia no se complementan ni se retroalimentan mutuamente, sino que se chocan entre sí. Al aparecer el conflicto distributivo, los grupos socialmente dominantes recurren a las opciones políticas (o militares) más endurecidas, y los grupos socialmente dominados propician la emergencia de dirigencias y formas de acción política que, en aras de la "democratización social", echan por la ventana las "formas" liberales.

En este círculo vicioso, las izquierdas han jugado un papel lamentable al inclinarse casi sin excepción por la segunda fórmula. Ejemplos: Venezuela, Ecuador, Bolivia, Honduras son países que claramente se han inclinado a favor de esta opción. Hay también partidos y coaliciones de izquierda que han resistido la tentación populista autoritaria y representan un curso de acción y construcción política distinto. En donde han conseguido gobernar a nivel nacional, como Chile, Brasil y Uruguay, se ofrece el atisbo de una alternativa de izquierda liberal democrática capaz, a la vez, de enarbolar proyectos de transformación nacional que no suprimen, sino que eventualmente podrían reafirmar bajo nuevas condiciones, una relación viable entre Estado liberal y Estado social.

El infortunio de la democracia en América Latina está asociado a este divorcio, que se reitera, entre el Estado político liberal y los derechos civiles y sociales de los grupos más amplios de la sociedad. Como "salida" a esta contradicción, América Latina ha recurrido a formas de populismo o cesarismo que, aunque responden a condiciones diversas por la estructura interna de cada sociedad y sistema político, tienen por común denominador la limitación o supresión de los derechos políticos, justificándola en aras de ampliar los derechos sociales bajo la presencia de liderazgos carismáticos y autoritarios que, una vez deteriorados por la ausencia de contrapesos, suelen caer juntos con todo lo demás, como lo apunta Bobbio.[31]

---

[31]   En Chile ha concluido la etapa de la Concertación, en Brasil, la presidencia de Lula ha permitido gobernabilidad democrática con desarrollo

¿Qué hay en los Estados latinoamericanos que los hace incapaces de armonizar sistemas políticos democráticos y desarrollo económico y social moderno? La respuesta a esta pregunta puede aceptar muchas variantes y matices. Pero hay un aspecto central respaldado por la literatura histórica y por abrumadora evidencia empírica. Se trata de la capacidad de las élites del poder económico y político para conservar el control de los dispositivos fundamentales del sistema político con la finalidad de proteger privilegios sociales, políticos y económicos. Esto habla de un Estado patrimonialista. En la otra cara de la misma moneda se sitúan vastos sectores sociales, especialmente de las clases trabajadoras y medias profesionales, excluidas del acceso a los medios de control del gobierno del Estado. Independientemente de que todos los ciudadanos tengan acceso al voto, los sistemas políticos no disponen de las reglas e instituciones que los faculten para controlar el ejercicio del poder en el sentido de someter a los poderes extra estatales ("fácticos") a las reglas formales del Estado de derecho y mejorar la representación de la ciudadanía en términos de igualdad política y social.

De ahí que los sistemas políticos de América Latina, a pesar de que regulan el acceso al poder mediante el voto, carecen de otras condiciones igualmente indispensables para asegurar su calidad democrática. Estas condiciones se pueden resumir bajo la carencia de igualdad política de todos los participantes en el "demos".[32] A la falta de

---

económico sobresaliente. Uruguay entra en una prueba importante al llegar a la presidencia el extremo histórico en el espectro de la izquierda, que afrontará el desafío de conciliar un desarrollo social profundizado con éxito económico. En los tres casos estará por verse si sobrevive o se mantiene una coalición de centro-izquierda que pueda contribuir a construir un Estado social de la mano de la democracia liberal.

[32] Dahl, Robert A. (2006), *On Political Equality*, New Haven, Estados Unidos y Londres, Inglaterra, Yale University Press, p. 14.

igualdad política subyacen la ausencia de impersonalidad y libre acceso, que no son características arraigadas en las relaciones sociales de los países latinoamericanos.

Este hecho llama la atención sobre la inexistencia de dispositivos o la insuficiencia de los existentes para inducir condiciones de igualación de los ciudadanos frente al poder político; condiciones de equidad entre sociedad y poder. Hay varios indicadores relevantes para acercarse a esta realidad. Según cifras recientes de la CEPAL,[33] América Latina y el Caribe tienen una población de 579 millones de habitantes de los cuales más de la mitad (303 millones) habitan en Brasil y México; ambos países son ejemplos de profunda desigualdad social. El coeficiente de Gini para Brasil pasó entre 1990 y 2006 de 0.627 a 0.602 y en México de 1989 a 2006 cambió de 0.536 a 0.506. Si bien se registra una ligera disminución de la desigualdad, es evidente que en los dos países más poblados de América Latina hay una desigualdad social profunda más cercana al límite superior (1=máxima desigualdad) que al inferior (0=máxima igualdad). En el resto de la región las cosas no son muy diferentes. Los datos disponibles para dieciocho países considerados en la muestra indican que en 2006 la mayor desigualdad se registró en Brasil con la cifra indicada y la menor en Venezuela (0.441).[34] En cualquier caso el panorama es desalentador.

No obstante, un dato desconcertante para esta perspectiva desalentadora y favorable para las perspectivas de la democracia es ofrecido por el índice de satisfacción

---

[33]   Comisión Económica para América Latina y el Caribe (CEPAL) (2008), *Anuario Estadístico para América Latina y el Caribe 2007*, Santiago, Chile, CEPAL.

[34]   Debe observarse que estos cálculos se hacen con las cifras emitidas por los gobiernos y deben tomarse con las reservas relativas a la autonomía e idoneidad de los organismos encargados de las estadísticas, particularmente en el caso de Venezuela.

de vida[35] según el cual México y Brasil son, entre las economías emergentes, los países en que los estratos medios y bajos están más satisfechos con su vida. La emergencia de clases medias en estas economías es uno de sus procesos más característicos. El caso de China se ha vuelto emblemático, pero América Latina y el Caribe, aunque de forma más modesta, registran también un crecimiento asombroso. Según el reporte citado, el subcontinente ha incrementado el número de personas que viven con un ingreso medio de 277 millones en 1990 a 362 millones en 2005, esto quiere decir que el número de personas en este estrato aumentó 76%.

Otra aproximación complementaria al tema es la de los recursos fiscales y su impacto sobre la desigualdad social que, en teoría, conlleva el gasto social. Un estudio del Banco Mundial[36] permite calcular que entre 1990 y 1999 los gobiernos centrales de los países latinoamericanos recaudaban por concepto de contribuciones tributarias el 15,15% del PIB, mientras que entre 1991 y 2000 los países desarrollados recaudaban el 28,7%. Además, la relación entre gasto social como porcentaje del PIB y la proporción total del gasto público destinado al sector social coloca a los países latinoamericanos en posiciones diversas. En México, el gasto público total se ubica por debajo del 20% del PIB, destina el 9,1% a gasto social, lo que lo asemeja en términos relativos con Guatemala y Paraguay. En cambio, Brasil, Argentina y Uruguay destinan más del 30% del PIB al gasto fiscal y del mismo canalizan más del 60% a gasto social.

---

[35]   Pew Global Attitudes Survey, cit. por *The Economist* 390/8618, 14 de febrero de 2009. "A special report on the new middle class", p. 12.

[36]   De Ferranti, David *et al.* (2003), *Desigualdad en América Latina y el Caribe: ¿ruptura con la historia?,* Estudios del Banco mundial sobre América latina y el Caribe, Washington DC, Estados Unidos, Banco Mundial.

A lo anterior se puede agregar el dato ya clásico de la disparidad en la distribución del ingreso. Para el año 2006, en Brasil, el quintil más pobre de la población percibía el 2,5% de la renta nacional y el quintil superior el 64,7%. En el mismo año, en México la cifra para el quintil inferior era de 4,2% mientras que para el más alto era de 56%.

De este modo, la baja recaudación, la escasa cantidad de recursos destinados a la seguridad social y al gasto social, la desigualdad persistente y la mala distribución del ingreso revelan una condición que nadie podría atreverse a equiparar con la igualdad política de los ciudadanos o miembros del "demos", en palabras de Dahl, a pesar del dato promisorio del crecimiento del estrato medio, una de cuyas características, en general, es propugnar por los valores de la democracia política.

Una mirada rápida a datos equiparables en países desarrollados permite observar que en todos ellos las diferencias entre desigualdad social antes y después de la aplicación del gasto social son de gran magnitud. Por ejemplo, en Bélgica, el coeficiente de Gini sería de 0.527 (es decir, casi igual al de México), sin considerar impuestos y transferencias que, al constituir un sector público generador de bienes, reducen el coeficiente a 0.272. Con la misma conceptualización, Australia disminuye su desigualdad de 0.463 a 0.306, Italia de 0.510 a 0.345, Estados Unidos de 0.455 a 0.344 y Japón de 0.340 a 0.265.[37]

No existe duda de que la reducción de la desigualdad social no descansa sólo en la dinámica de la economía de mercado, a menos que éste haya sido previamente moldeado por acuerdos sociales y políticos plasmados en instituciones y políticas robustas, que tienen una de sus expresiones principales en la capacidad de recaudar

---

[37]   Estimaciones basadas en De Ferranti, *Desigualdad en América Latina y el Caribe, op. cit.*, capítulo 9, p. 2.

contribuciones fiscales para destinarlas a producir bienes públicos, y en la aplicación atinada de los recursos a la atención de las necesidades sociales. En esta materia, los Estados latinoamericanos adolecen de fallas fundamentales que los hacen Estados débiles propicios al enquistamiento de intereses especiales en sus estructuras.

El respeto o la violación de los derechos fundamentales es otra ventana para mirar el problema de la igualdad política. Sin entrar en una descripción detallada, que resulta innecesaria considerando la multiplicidad de reportes, tanto de organismos intergubernamentales como la ONU y de organismos independientes como *Human Rights Watch*, el panorama latinoamericano está plagado de problemas. Considerando los ejemplos seleccionados arriba –México y Brasil–, la estructura de los sistemas políticos ofrece realidades como la inoperancia del acceso general a la justicia, patrones elevados de violencia y violación de los derechos humanos por parte de agencias gubernamentales diversas.[38] Además debe incluirse la segmentación social producto de la desigualdad que no tiene solamente raíces económicas sino también étnicas y regionales.

En el trabajo citado al inicio, realizamos una clasificación detallada de veinte países latinoamericanos por su nivel de protección de derechos (civiles, económicos, sociales, étnicos y de género).[39] Considerando las variables significativas de cada uno de ellos consignadas en el *Cingranelli-Richards Human Rights Data Set* (CIRI), así como la forma y grado de inclusión de cada uno de estos

---

[38] Ver *Human Rights Watch. World Report 2008.* Disponible en línea: www.hrw.org

[39] Valdés y Ansolabehere, "Conflicto constitucional en América Latina: entre la inclusión y el cinismo". Los países son Argentina, Bolivia, Brasil, Chile, Colombia, Costa Rica, Cuba, Ecuador, El Salvador, Guatemala, Haití, Honduras, México, Nicaragua, Panamá, Paraguay, Perú, República Dominicana, Uruguay y Venezuela.

derechos en sus constituciones, encontramos que estos países pueden dividirse entre los que tienen alta o baja efectividad en el cumplimiento de los derechos y los que tienen un nivel básico o elevado (incluyente) de incorporación de esos derechos en el texto de sus constituciones, dando lugar al siguiente resultado:

Características del texto constitucional	Efectividad de derechos	
	Baja	Alta
Básico	**Excluyente** 1. Chile 2. Honduras	**Sincero** 1. Costa Rica 2. El Salvador 3. República Dominicana
Incluyente	**Cínico** 1. Bolivia 2. Brasil 3. Colombia 4. Ecuador 5. Guatemala 6. México 7. Perú	**Incluyente** 1. Argentina 2. Nicaragua 3. Panamá 4. Uruguay 5. Venezuela

Fuente: Valdés-Ugalde, Francisco y Ansolabehere, Karina María (2010), "Conflicto constitucional en América Latina: entre la inclusión y el cinismo", en Puchet, Martín, Rojas, Mariano, Valdés, Francisco y Valenti, Giovanna (Eds.), *América Latina: problemas centrales y oportunidades promisorias*, México DF, México, FLACSO-México (en prensa), cuadro 10.

¿Qué perspectivas se pueden avizorar?

Considerando los elementos aportados previamente, puede afirmarse que América Latina enfrenta un panorama gris. Por una parte, se han hecho avances sustanciales en la implantación de sistemas políticos democráticos. Por la otra, estas democracias arrastran atavismos de épocas pasadas que se pueden sintetizar en un atraso endémico en la implantación de relaciones sociales modernas desde el punto de vista de la igualdad, entendida como una combinación de impersonalidad frente a las reglas del poder y de libre acceso a las oportunidades que derivan de los "servicios" del Estado. Desde el punto de vista de la evolución reciente, se puede observar tres tipos de sistemas democráticos: a) los que mantienen una democracia liberal estable (Brasil, México, Chile, Costa Rica); b) los que tienen sistemas democrático-liberales con graves problemas para su estabilidad (Guatemala, El Salvador, Colombia); y c) los que han derivado hacia formas de cesarismo político (Bolivia, Ecuador, Nicaragua, Venezuela) y se apartan de la democracia liberal bajo el argumento de que ésta no es capaz de resolver los problemas de las mayorías. En la primera categoría, además podemos distinguir dos subtipos ejemplificados por Brasil y México. La diferencia entre ambos es que aunque mantienen la democracia liberal, el primero tiene un éxito económico sobresaliente y el segundo no ha conseguido colocarse en una senda propia que se lo garantice.

Esto hace pensar que el futuro de la democracia liberal está en la capacidad y lucidez de los actores fundamentales para vencer los obstáculos que se anteponen a las alternativas para construir Estados sociales, pero esto, a su vez no tendrá efectos si no se piensa en ajustes a los sistemas políticos que, en muchos casos, representarían cambios de fondo.[40]

La extensión de la democracia en la mayoría de los países latinoamericanos es un escenario idóneo, favorable al

---

[40]   Lijphart, Arend (1999), *Patterns of Democracy. Government Forms and Performance in Thirty-Six Countries,* New Haven, Estados Unidos y Londres, Inglaterra, Yale University Press; y Colomer, Josep (2001), *Instituciones políticas,* Barcelona, España, Ariel.

desarrollo de nuevas opciones, especialmente a las formas mixtas de régimen y gobierno, y de negociación social, que ofrecen más ductilidad a la participación de la diversidad social en la formación de políticas y tienen como consecuencia una mayor incidencia en la distribución progresiva de la renta.

El corazón de toda salida posible reside en disminuir la brecha de la desigualdad pero, a la vez, de hacerlo sin supresión de las libertades; sin revivir populismos de persona o de partido que convierten a los ciudadanos no sólo en meros votantes, sino también en carne de cañón de hegemonías aventureras. En ello reside la clave de la responsabilidad pública de todos los sectores sociales y principalmente de los líderes de gobierno y de empresa.

El problema más angustiante que enfrenta América Latina hoy es cómo reorganizar las formas de acción colectiva para procurar el bienestar respetando, y a la vez profundizando, los sistemas democráticos que han logrado afianzarse, así sea precariamente, en la región.

A lo largo de su historia independiente, los países de la región han tendido a repetir endémica o crónicamente características de su pasado, que los han hecho oscilar entre el dominio de las oligarquías locales y sus alianzas metropolitanas y el cesarismo populista. Las claves para entender estas oscilaciones son el flujo y reflujo de "las mayorías" y sus organizaciones políticas, unas veces pulverizadas u oprimidas por dictaduras militares, otras acercadas al poder por caudillos, hombres fuertes o conductores populistas.

Conceptualizar la democracia bajo la idea amplia de gobernanza, y no sólo como gobernabilidad inmediata, implica, como lo ha señalado Axel Hadenius, que "la política pública debe ser gobernada por la voluntad popular libremente expresada y donde todos los individuos deben ser tratados como iguales."[41]

Hacer que esto sea posible en sociedades muy heterogéneas en las que la democracia es precaria y la desigualdad muy alta supone reconocer la necesidad de introducir formas mixtas de representación política y su traducción en mecanismos de decisión colectiva de amplia receptividad.

El ingrediente de las modalidades mixtas de la representación política ha sido tratado en la literatura desde hace más de cincuenta años,[42] y el debate en torno a ellas continúa. Sin embargo, con muy pocas excepciones, hay poca comprensión del problema de fondo en los paradigmas de la ciencia política y sus expresiones en América Latina. Hay dos tendencias que se contraponen y que conducen a extremos igualmente contraproducentes. De una parte, las visiones minimalistas de la democracia. Quienes las suscriben, opinan que la democracia empieza y termina en el acto de elegir gobernantes; que el aspecto electoral de la democracia es su referente esencial y que los asuntos relativos a los efectos y la calidad del gobernar corresponden a un análisis de naturaleza diferente. Con frecuencia, esta visión se ha justificado bajo el motivo de "descargar" a la democracia de responsabilidades excesivas, como la solución de problemas del bienestar social, la distribución del ingreso y otros. Se suele señalar que asignar a la democracia la responsabilidad de resolver "todos" los problemas es un exceso ante el cual es necesario restringir el concepto a la idea de elecciones libres y periódicas de los gobernantes.

El problema político que tiene esta postura es que sucumbe con facilidad a su contraria, la de quienes inspirados

---

[41] Hadenius, Axel (1992), *Democracy and Development*, Cambridge, Inglaterra, Cambridge University Press, p. 9.

[42] Downs, Anthony (1957), *An Economic Theory of Democracy*, Nueva York, Estados Unidos, Harper and Row.

en la idea de acción directa y gobierno "del pueblo y para el pueblo", concomitante también a la tradición democrática, objetan que el minimalismo conduce a una aporía en la que la incapacidad del sistema político para "hacerse cargo" de los problemas sociales lo esteriliza y, peor aun, termina abonando el camino a los "intereses especiales" y a la desafección ciudadana respecto al sistema político.

Desde el punto de vista teórico, ambas visiones provienen de contribuciones diferentes a la teoría democrática. De una parte los que, como Montesquieu, han defendido la noción aristocrática de la democracia en la que la contención del ejercicio del poder (equilibrio) adquiere precedencia sobre el ejercicio de la soberanía. Por el otro lado, los que situados en la tradición de Rousseau (y Marx),[43] preconizan que, a menos que la democracia dé curso a la transformación de la estructura de clases, ya sea en un sentido socialista o parecido, aquella consiste en un mero instrumento del que se puede prescindir si no lleva a la construcción de una sociedad socialista o bien, una vez que esto haya sido logrado, el sistema democrático y la representación política se tornan prescindibles.

La falla que evidencia esta polarización es la ausencia de conceptualización de los problemas de la *democracia representativa*. Mantenerse en la falsa disyuntiva (aunque no por falsa menos perniciosa) entre la democracia como aristocracia electa y la imposibilidad de la representación democrática es la trampa que provoca, precisamente, el trágico resultado al que alude Robert Dahl en el epígrafe de su obra que encabeza este trabajo. La expresión ideológica de esta problemática en América Latina podría enunciarse de la siguiente manera: si la democracia no resuelve los problemas del pueblo, una de dos, o se la hegemoniza a través

---

[43]   Della Volpe, Galvano (1963), *Rousseau y Marx y otros ensayos de crítica materialista*. Buenos Aires, Argentina, Platina.

de una dirigencia cesarista (para el caso, aristocrática), o se la desecha como sistema político deseable. En el otro punto de vista: si la democracia facilita la canalización de demandas inaceptables para las élites de poder, entonces es un deber limitarla, convertirla en un muro de contención. A propósito del descubrimiento de Aristóteles de que las antiguas democracias solían imponer mayores castigos a los ricos por no participar en la asamblea e insignificantes cargas a los pobres que no lo hacían, Jon Elster observa: "Si un conjunto de individuos puede reforzar su poder limitando su propia libertad, también puede reducir el poder de otros expandiéndoles su libertad."[44]

La evidencia sugiere que la falla profunda reside en la ausencia de una ciudadanía robusta y madura, y a su vez, en un tejido de instituciones que efectivamente actúe como vehículo para representar sus intereses.

Este problema merece una atención que hasta ahora no ha recibido en suficiencia.[45] La representación democrática es la única forma realista de construir y consolidar la democracia como un sistema en que los ciudadanos pueden involucrarse no solamente a través del voto, sino también de la participación activa. La idea de un sistema político en el que solamente existen ciudadanos, partidos y gobierno adquiere un importante grado de ficción cuando ignora la diversidad de las formas de acción pública de la ciudadanía. Mediante organizaciones, movimientos, opiniones y otras fórmulas, los ciudadanos tienen una presencia que influye en las decisiones públicas.

Es cierto que, en cualquier caso, estamos frente a formas de mediación, pero las mediaciones representativas

---

[44]   Elster, Jon (2000), *Ulysses Unbound*, Cambridge, Inglaterra, Cambridge University Press, p. 94.

[45]   Urbinati, Nadia (2006), *Representative Democracy. Principles and Genealogy*, Chicago, Estados Unidos y Londres, Inglaterra, University of Chicago Press.

pueden diseñarse y ampliarse, admiten expansión e innovación; los mecanismos de rendición de cuentas de los representantes frente a los representados pueden modificarse mediante legislación apropiada; la influencia de los ciudadanos en la acción legislativa puede incrementarse sin necesidad de dirigentes iluminados que a la postre conducen al desastre, y sin restringir la representación al simple acto electoral y al repliegue a la vida "privada" en los lapsos entre elecciones.

Las formas que adopta la representación democrática se relacionan directamente con el avance en el incremento de igualdad política. Si los ciudadanos pueden, por igual, acercarse al sistema de gobierno y relacionarse con él en modalidades más cercanas y frecuentes, y recibir en correspondencia mayor atención de sus representantes (obligatoria, basada en normas vinculantes), la calidad de la representación puede conducir a una mayor igualdad política y a mejores condiciones de organización de la vida social.

Considerando la heterogeneidad de las preferencias sociales, la mejoría en la calidad de la representación ha de significar también una mayor mixtura de las políticas públicas y de las modalidades de decisión en las que descansan.

La literatura es ampliamente sugerente a este respecto. Los regímenes políticos mixtos, es decir, que combinan distintas instituciones representativas y, entre ellos, los que más se acercan a la representación proporcional pura, tienden a ser un crisol en el que se funde la diversidad de las preferencias sociales, en el que la probabilidad de imposición de preferencias oligárquicas tiende a ser menor y en las que la política pública es resultado de agregación de preferencias sociales de forma más compleja y cohesiva que en otros regímenes. El caso opuesto lo representan los regímenes de mayoría simple y, especialmente, los sistemas presidenciales. La razón básica es que el primer tipo de sistema produce "múltiples ganadores",[46] mientras que el segundo suele acompañar el resultado del "ganador se lleva todo" asociado a la regla de mayoría.

Naturalmente, una concepción estratégica del desarrollo sociopolítico como ésta conduce a la cuestión de la obtención de los recursos fiscales necesarios y estructuras de representación y decisión pública robustas. De ahí que una política de recaudación que fortalezca al Estado y trate como iguales económicos a los ciudadanos deba alcanzar tasas de recaudación altas, equivalentes a las de países desarrollados (OECD).

Pero a su vez, una política de recaudación fiscal sólo adquiere sentido para el desarrollo si los recursos se aplican con eficacia a los objetivos de conseguir salud básica y educación básica universales y de calidad, así como inversión en infraestructura. Sin ellas no puede haber apertura de opciones reales de desarrollo individual consistentes en lo que Amartya Sen ha denominado "capacidad de realizar", y que responde al problema de la igualdad política de los ciudadanos.

Lamentablemente, es difícil justificar el optimismo. Las políticas públicas destinadas a mejorar la condición de los ciudadanos realmente existentes, desde la salud hasta la educación, ciencia y tecnología, reflejan avances poco alentadores. Los desequilibrios fiscales, el capitalismo salvaje que se ha proyectado en la política económica internacional y, sobre todo, la incapacidad de las élites políticas para fijar una agenda seria de construcción del futuro, muestran una realidad en la que está ausente la orientación adecuada para construir instituciones que puedan a la vez albergar y fomentar la creación de ciudadanos de primera.

Sin esas instituciones dedicadas a ofrecer procedimientos eficaces para hacer valer los derechos civiles y

---

[46] Colomer, *Instituciones políticas, op. cit.*, pp. 230-237 y Lijphart, *Patterns of Democracy, op. cit.*, pp. 275-300.

sociales en marcos políticos de libertad, no será posible ver un desarrollo económico y social sustentable ni una democracia con viabilidad. En síntesis, esas instituciones son un componente básico de la canasta de bienes que ha de contener la idea de desarrollo.

El régimen democrático y representativo no alcanza a tocar el entramado del Estado. Dicho de modo muy sintético, esta forma de "suboptimalidad" consiste en que, a pesar de que existen libertades básicas y elección periódica de gobernantes, el sistema representativo queda bloqueado para hacer cambios redistributivos a través de políticas públicas de trascendencia (fiscal, educativa, laboral, o sanitaria). De este modo, las relaciones de poder fundamentales del orden económico-político permanecen sin cambio o "blindadas" respecto de la trama de la política democrática.

Pareciera que una visión así requiere ser planteada exclusivamente desde una perspectiva de "izquierdas". No obstante, el problema del desarrollo político es estratégico y por consiguiente puede ser motivo de convergencia entre fuerzas políticas con ideologías diferentes. Ello depende, empero, de la capacidad de los partidos y dirigentes políticos para comprender que el eje estratégico de la combinación entre democracia y desarrollo, democracia e igualdad, no corre necesariamente a la par del eje ideológico izquierda-derecha. Eso ha sido mostrado claramente por la evolución de los países capitalistas avanzados y por el fracaso histórico de los cesarismos, sean de izquierda o derecha y las formas totalitarias.

Esa no es la disyuntiva normativa fundamental. El desafío consiste en superar los reduccionismos minimalistas en la conceptualización de la democracia que conducen a su limitación por los poderes extra estatales que se benefician de su precariedad, robusteciéndola con sistemas de derecho eficaces y políticas incluyentes y, a la vez, evitando el populismo, intrínsecamente autoritario.

GOBERNABILIDAD DEMOCRÁTICA Y CIUDADANÍA EN AMÉRICA DEL SUR. IMPACTOS POLÍTICOS DE LA CRISIS GLOBAL[47]

Gerardo Caetano Hargain[48]

Los diversos relatos sobre los que se sustenta toda construcción democrática adquieren siempre una importancia central a la hora de evaluar sus fortalezas y sus capacidades para enfrentar las coyunturas adversas y de cambio. En América Latina, luego de la visión triunfalista que siguió a la caída de las dictaduras de la "seguridad nacional", en las últimas décadas ha avanzado la preocupación sobre la "calidad" y la "baja intensidad" de nuestras democracias, sobre la creciente endeblez de sus instituciones y autoridades, las consecuencias de la miseria de millones de seres humanos, el también fuerte distanciamiento crítico de los ciudadanos respecto a los partidos y a los políticos. Este "malestar", como veremos más adelante, ha estado en la base de cambios y giros políticos muy visibles en la región, en especial en América del Sur durante los últimos diez años, muchos de ellos identificados con el impulso de procesos de reforma constitucional en verdad "refundacionales".[49]

---

[47] El texto que sigue se basa parcialmente en los siguientes materiales y trabajos del autor: Gerardo, Caetano (2009), "La crisis mundial y sus impactos políticos en América del Sur", Montevideo, CEFIR (Mimeo); y Caetano, Gerardo (2009), "Integración regional y estrategias de reinserción internacional en América del Sur. Razones para la incertidumbre", en *Nueva Sociedad,* núm. 219, Caracas, Venezuela, enero-febrero de 2009, pp.157 y ss.

[48] Consejero a Título Individual de la Facultad Latinoamericana de Ciencias Sociales (FLACSO).

[49] Tal es el caso de los procesos de reforma constitucional de perfil "refundacional" impulsados por los gobiernos de Rafael Correa en Ecuador y de Evo

Sobre el telón de fondo de este giro político, que en sí mismo no ha estado exento de turbulencias y conflictos, desde el 2008 se ha sumado al contexto general de la región el impacto a distintos niveles de la crisis económica y financiera internacional más importante desde los años 1930, lo que ha abonado aun más un cuadro de inestabilidad y temores acrecidos. En un contexto de fuertes transformaciones de toda índole, en un escenario de auténtica "encrucijada institucional", como se verá en detalle más adelante, América Latina y el Caribe (ALC) recibieron el impacto de una severa crisis internacional, que venía a poner a prueba de manera radical los cambios en curso a nivel de las ciudadanías del continente y la evolución de sus visiones acerca de la democracia y sus fundamentos. Focalizado principalmente sobre los escenarios políticos de los países de América del Sur,[50] y con el centro analítico radicado en la interpelación de un proceso de cambio político muy fragmentado sometido a la prueba del impacto de una crisis global, el texto que sigue se propone examinar algunas pistas de reflexión para debatir sobre algunas exigencias e incertidumbres de una consolidación efectiva de la gobernabilidad democrática en el continente.

Algunas premisas conceptuales[51]

A pesar de la alarma que producen los acontecimientos vividos en Honduras en los últimos meses y de los perfiles

---

Morales en Bolivia, y en un sentido que creemos por lo menos parcialmente diferente en sus orígenes y apuestas, por el gobierno de Hugo Chávez en Venezuela. En los dos primeros casos se postula y en ciertos aspectos se perfila –creemos– el proyecto de una refundación del Estado.

[50]   En el texto que sigue, sin dejar de remitir a la globalidad de los procesos políticos de América Latina, se priorizará la consideración de los casos sudamericanos, conocidos más en profundidad por el autor.

[51]   Las consideraciones que siguen derivan de sendos proyectos de investigación que el suscrito coordinó en colaboración con Laura Gioscia, en

autoritarios y confrontativos que exhiben distintos países latinoamericanos, no parece que se esté en los umbrales de una nueva era de dictaduras civil-militares al estilo de las de los años 1970. En cambio, las preocupaciones se centran en la deriva autoritaria de varios gobiernos, en los embates polarizadores de oposiciones irreductibles, en situaciones de confrontación profunda e inestable y en la emergencia de formatos de lo que más de un autor ha llamado "democracias de baja intensidad" o "democracias inciertas". Desde luego, a una "democracia de baja intensidad" suele corresponder una "ciudadanía de baja intensidad". Para que la ciudadanía activa opere como sustento de la democracia, no sólo es necesario que prevalezcan y se reproduzcan los valores democráticos (la libertad, la justicia, la tolerancia, el control del poder, etc.) dentro de la comunidad, sino también que existan instituciones y reglas que permitan canalizar las demandas y propuestas de todos los ciudadanos, más allá de las diferencias sociales, étnicas, culturales o de otro tipo. Como se señala en el informe sobre el estado de la democracia en América Latina, presentado por el PNUD hace ya un lustro: "Aun en regiones donde el sistema legal tiene alcance, suele ser aplicado con sesgos discriminatorios contra varias minorías y también mayorías, tales como las mujeres, ciertas etnias

---

el marco de las actividades del Área de Ciudadanía del Departamento de Ciencia Política, FCS, UDELAR. Se trata del proyecto de investigación "La reinvención de la política", financiado en el marco del llamado a concurso de I + D de la Comisión Sectorial de Investigación Científica (CSIC), Universidad de la República, agosto de 2002, y del proyecto "Valores y virtudes cívicas", también financiado en el marco del llamado a concurso de I + D de la Comisión Sectorial de Investigación Científica (CSIC), Universidad de la República, agosto de 2006. Muchas de las ideas que se manejan son tributarias también de la Tesis Doctoral de Laura Gioscia publicada bajo el título *Ciudadanía y Diferencia*, Serie Tesis de Posgrado, núm. 1, Instituto de Ciencia Política, Facultad de Ciencias Sociales, Montevideo, Uruguay, 2004.

y los pobres. Este sistema legal truncado genera lo que se ha llamado una ciudadanía de baja intensidad."[52]

Por definición, toda construcción democrática resulta inacabada e inacabable, vive en el cambio y a través del cambio. *Democratizar la democracia* constituye una tarea compleja, que con seguridad demandará en el corto plazo reformas políticas, institucionales, electorales y sociales, pero que también deberá enfatizar en las dimensiones del poder tal como éste se ejerce a diferentes niveles de la sociedad, en la educación en principios democráticos de la ciudadanía, así como en la reafirmación y renovación de aspectos sustantivos de la cultura política. En otras palabras, a contramano de algunas propuestas simplistas, las demandas no se agotan en la apelación –a menudo retórica y sin correspondencia efectiva en la realidad– a mayores cauces de participación social, como vía de configuración de una "democracia participativa" que tendería paulatinamente a sustituir a la "democracia representativa" clásica, en una lógica de alternativa rígida sin posibilidades de síntesis superadoras. Por cierto que también se necesitan cambios estructurales más profundos y concretos, dentro de los cuales resulta necesario incluir propuestas (específicas y no meramente enunciativas) sobre cómo implementar una democracia inclusiva que a la vez pueda ser más efectivamente participativa y mejorar de modo simultáneo su calidad de representación.

Como es sabido, los debates académicos e ideológicos acerca de las definiciones y contenidos de la democracia, además de eternos, viven en estos tiempos una coyuntura especialmente agitada. Hoy enfrentamos un nuevo problema que ha dado en calificarse como el de la "confusión

---

[52]   Programa de las Naciones Unidas para el Desarrollo (PNUD) (2004), *La democracia en América Latina. Hacia una democracia de ciudadanas y ciudadanos*, Montevideo, Uruguay, PNUD, p. 63.

democrática": bajo el rótulo prestigioso e incontrastable de la democracia, se "hacen pasar" contenidos y prácticas muy poco democráticos, lo que redobla la exigencia de una mirada rigurosa y atenta, lejana por igual de la autocomplacencia conformista como del atajo catastrofista.

Teniendo en cuenta las dificultades y la indeseabilidad de cualquier posición absolutista en sociedades democráticas, a la hora de respetar la heterogeneidad interna que marcan las complejas y plurales sociedades de la América Latina contemporánea, no podemos aspirar a respuestas concluyentes ni mucho menos a recetas aplicables a tan distintos contextos. Lo que sí podemos promover es la renovación de espacios de discusión político-intelectual de proyección efectivamente regional, en los que, entre otras cuestiones, sea posible debatir de manera consistente y sin "dobleces" sobre ciertos "filtros conceptuales" inclaudicables para la calificación de una democracia genuina, para precisar qué pertenece o no al ámbito de la política democrática, qué significa o no ser un ciudadano, cómo incorporar las dimensiones comunitarias y étnicas en las fraguas de sistemas políticos que legítimamente pueden reivindicar su condición plurinacional,[53] analizar (en el respeto a la diversidad pero también desde el reconocimiento de la necesaria convergencia de principios irrenunciables) a qué democracia aspiramos, cómo es que han devenido las que son a través de los avatares de nuestras historias y cómo pueden llegar a ser.

Es cierto que una cosa es cómo funciona de hecho una democracia particular y bien otra cómo deseamos que se estructure en la vida cotidiana. Las democracias varían con el tiempo, con las circunstancias históricas, y hemos de convenir que la defensa de cualquier concepción, tanto de democracia como de ciudadanía, mueve no sólo

---

[53]   Tal es el caso a nuestro juicio de la República de Bolivia.

justificaciones económicas, políticas e incluso psicológicas, sino también sociales y culturales. Significa en su dimensión más profunda la rediscusión de la legitimidad del poder y de su ejercicio concreto en el día a día. A su vez, una definición de ciudadanía no escapa a lo implícito -y explícito- del proceso histórico de su adquisición específica. Sin embargo, después de todo lo ocurrido en la región y en el mundo en los últimos veinticinco años, los usos conceptuales de la voz *democracia* requieren límites y alcances más precisos que en décadas anteriores.[54]

Esta exigencia renovada en el plano de las definiciones incorpora ciertas dimensiones clásicas del debate, pero no cabe duda de que hoy resulte imprescindible la asunción de retos nuevos, de exigencias de renovación insoslayables, de cara a las consecuencias políticas de muchos de los cambios de las sociedades contemporáneas. En ese sentido, los índices definidores y operativos de una democracia enfrentan actualmente desafíos importantes y en ciertos aspectos inéditos. Los indicadores tradicionales de autores clásicos como Robert Dahl (derecho al voto, derecho a ser elegido, derecho a la competencia política, elecciones libres y justas, libertad de asociación, libertad de expresión, existencia de fuentes alternativas de información, solidez de las instituciones, sustentabilidad de las políticas públicas, etc.), por ejemplo, en su aplicabilidad concreta a las condiciones de muchos países del planeta, enfrentan exigencias y dificultades renovadas. Lo mismo podría señalarse respecto a muchos otros autores e índices internacionales.[55] Si resulta claro que en

---

[54]   Una mera presentación de los principales enfoques teóricos e ideológicos que hoy confrontan -en la región y en el mundo- en los ámbitos académico y político en torno al tema de la gobernabilidad democrática, de la democracia como concepto político y de su resignificación en tiempos de crisis excede largamente los límites de este texto.

[55]   Aquí vale lo mismo que para la cita anterior.

un continente como el de América Latina las definiciones procedimentales minimalistas (elecciones libres, sufragio universal, participación plena, libertades civiles) son insuficientes, la aplicabilidad y conceptualización de definiciones de democracia desde opciones ampliadas o maximalistas (que incorporan otros indicadores como las exigencias de que los gobernantes electos tengan poder efectivo para gobernar o que existan ciertos niveles básicos de equidad socioeconómica y altos niveles de participación popular) también se ven interpeladas desde diversas perspectivas.

Adviértanse, por ejemplo, las dudas emergentes de un cuadro de análisis que aplique una regla de evaluación rigurosa e independiente, sobre la situación de todos y cada uno de los actuales gobiernos de América Latina en general y de América del Sur, en relación con factores como los que integran la reseña que sigue: manipulación de leyes electorales, usos clientelísticos, presiones y acciones directas promovidas desde los entornos gobernantes, convocatorias electorales de dudosa constitucionalidad y de uso plebiscitario a favor de los proyectos oficialistas, impulso de proyectos de reforma constitucional signados por la coyuntura, restricciones a medios de comunicación opositores o manipulación directa o indirecta de medios afines, escrutinios cuestionables en las instancias electorales, peso de poderes fácticos y extraterritoriales, circuitos ilegales o ilegítimos de financiamiento de las acciones partidarias, restricciones a los sistemas públicos y privados de contralor, presiones sobre los poderes judiciales, la consideración efectiva de los procedimientos legales e institucionales, entre otros que podrían agregarse. Si a estos factores de perfil más "procedimental" le sumamos otros con proyección más sociopolítica (distorsiones profundas en el ejercicio de los derechos a partir de niveles especialmente graves de pobreza, indigencia y desigualdad; impacto de la violencia en distintos niveles, como terrorismo de

Estado, inseguridad ciudadana, narcotráfico, organizaciones delictivas de nivel macro; prácticas generalizadas de corrupción; desigualdades flagrantes en términos de poder; inseguridad jurídica; etc.), con seguridad se podrá convenir en un panorama no homogéneo pero sí con preocupaciones severas y perfiles críticos respecto a la situación general y particular de las democracias del continente. En cualquier hipótesis, pocos podrán rechazar con fundamento que el impacto de la crisis viene a profundizar los fundamentos de un imperativo histórico en la región: la necesidad de *democratizar la democracia.*

El problema de la definición de la ciudadanía, central en estos renovados debates sobre el concepto político de democracia, no sólo refiere a los cambios sociales en sociedades democráticas sino que es también un problema histórico y antropológico.[56] Para ello, si hemos de realizar una propuesta de democratización de nuestras democracias actuales, resulta imperativo antes que nada abrir espacios tanto para la crítica de nuestro quehacer sobre ésta, así como instancias de debate público que nos permitan hacernos cargo de las caras y contracaras de un sistema cívico siempre en transformación y sometido a fraguas interminables. Los debates y la reflexión sobre las cuestiones a atender en un proceso de democratización de estas proyecciones implican a la vez la discusión sobre qué valores democráticos se pretende preservar y promover. Y aquí, sin duda, nos encontraremos también frente a miradas a su vez diversas.

Desde nuestra perspectiva, esto implica reconsiderar las configuraciones del poder, que ocurren no sólo a nivel de las especializaciones que recortan –cada cual a su modo– aspectos parciales de la realidad, sino también

---

56   Zapata Barrero, Ricardo (1995), "Hacia una Teoría Normativa de la Ciudadanía Democrática", en *Leviatán* 59, Madrid, España, p. 86.

a través de una efectiva redistribución del poder de las distintas élites y actores en juego, a sabiendas de que este tipo de procesos se definen en el conjunto del sistema de relaciones y prácticas que articulan, constituyen y organizan las relaciones sociales en su conjunto. Cabe señalar que no es posible asumir que todos los elementos de un contexto están disponibles de una buena vez para ser utilizados en la comprensión de una democracia determinada. Sólo especificando y contextualizando es posible mostrar las conexiones entre estructuras, relaciones, procesos, ensamblajes de poder y diferentes registros de significación. Pero lo que aquí importa es brindar un panorama general de algunas cuestiones para realizar en otras instancias las especificaciones de cada registro señalado.

Todo esto se radicaliza en sus alcances y en sus exigencias analíticas cuando se estudia la (re)visión de ciudadanías en transformación, en el marco de democracias diversas dentro de un continente siempre heterogéneo y fragmentado. En especial esto se radicaliza cuando la región sudamericana experimenta los variados y profundos impactos de una crisis global que no nació en ninguno de sus países, pero que, en mayor o menor medida, los impacta a todos con una profundidad inesperada. Incluir estas visiones en un contexto de crisis global como la que se encuentra en curso involucra muchas tareas, entre ellas, la que apunta al esfuerzo de poner en claro los diversos elementos vinculantes de una constelación política dada. No resulta pertinente ni tal vez posible reducir la perspectiva sobre el poder al tema del Estado ni abogar sólo por cuestiones procedimentales, arreglos institucionales y constitucionales, ya que de este modo pudiera pensarse que tanto el conflicto, como las luchas políticas y sociales, propias de cualquier democracia deseable y particularmente relevantes para entender lo que ocurre en las sociedades latinoamericanas actuales, quedarían excluidos en este contexto. Desde una perspectiva que entiende que la historia no tiene un propósito predeterminado ni mucho menos teleológico, al intentar iluminar el presente, desde este recorte, no se pretende clausurar en modo alguno la interpretación sobre nuestro pasado sino, por el contrario, se busca abrirlo en su contingencia más radical, habilitando siempre nuevas instancias de discusión sobre el mismo.

¿Qué democracia pretendemos democratizar? Como anotáramos, lo que habitualmente consideramos como "normalidad" democrática suele referirse, de modo general, al ejercicio de nuestro derecho al voto, de nuestras libertades, al normal funcionamiento de los tres poderes del Estado, etc. Estas cuestiones suelen ser vistas como indicadores de nuestra estabilidad democrática, del logro de la institucionalización de nuestros derechos fundamentales. Sin embargo, esta "normalidad" encubre la enorme distancia que existe entre el ejercicio del voto y el ejercicio efectivo (real) de nuestros derechos ciudadanos. Encubre también lo que refiere a la aplicación eficiente de las normas de justicia y las posibilidades reales de fortalecimiento de una sociedad civil que logre organizar, expresar y sostener una ciudadanía democrática integral. ¿Cómo atender a un modelo de ciudadanía más diversificado y pluralista, basado en demandas de inclusión y de transformación de las comunidades políticas existentes, por parte de distintos grupos marginados en diferentes contextos culturales e históricos?

La organización política de la vida social resulta prioritaria en la agenda de una propuesta política progresista, y esto se advierte de modo muy particular en los procesos contemporáneos en América del Sur. ¿Cuáles serían los modos de fortalecerla? ¿Qué elementos podemos encontrar en nuestras sociedades para lograr una revitalización democrática? ¿Cómo fomentar que las instituciones en vigencia atiendan al empoderamiento efectivo del ciudadano común y de sus organizaciones primarias, tanto en el conocimiento como en la viabilización del ejercicio real de sus derechos, instalados además en esa intersección ineludible entre comunidad y persona que resulta tan central en muchos países latinoamericanos? ¿Cómo profundizar de acuerdo con las exigencias de marginalidades ancestrales y en un contexto de crisis esa dimensión emergente de nuevas formas de "comunidades de ciudadanos"? ¿Cómo recombinar derechos y acciones sociales en el reconocimiento de esa acrecida pluralidad de identidades, intereses, autonomías y reivindicaciones que caracteriza a las ciudadanías del continente? ¿Cuáles son los vectores e instrumentos más idóneos para promover esos cambios? ¿Qué papel juegan las leyes y las constituciones en un país democrático? ¿Hasta dónde es posible cambiar la política sin revisarlas? ¿Hasta dónde llegan nuestros derechos de inclusión? ¿Cómo se hace para que dejen de ser meramente formales? ¿Cuáles son nuestras instituciones de base a través de las cuales canalizar este tipo de propuestas? ¿Cuáles son en cada caso sus virtudes y sus peligros? Tal vez el registro del impacto en el continente de una crisis global, con sus múltiples efectos políticos, aporte posibilidades inesperadas para contribuir a responder con mayor consistencia varias de estas preguntas.

Hoy resulta claro que las instituciones del Estado y las instituciones políticas no aseguran por sí solas un buen gobierno democrático. La democracia se funda también en ciudadanos individuales y en la acción de colectivos muy diversos y cambiantes, de proyección social y política, pero también comunitaria, étnica, de género, religiosa. Para ser efectivas, estas nuevas democracias han de proteger y comprometerse con el debate sobre los derechos, en la posibilidad de su ejercicio real y de sus responsabilidades inherentes. En este tipo de indagatorias cívicas y mucho más dentro de un contexto de transformación y de crisis global, se requiere de la participación de organizaciones sociales y políticas de diversos orígenes y proyecciones, de acuerdo con las trayectorias y características diferentes de cada país. Esto involucra averiguar también en qué consiste la membresía de los ciudadanos con respecto a la amplia y cambiante red de nuestras instituciones en vigencia. El empoderamiento de nuestro ciudadano del siglo XXI pasa por la capacidad que tengan los agentes sociales y políticos para escuchar, atender y promover el interés y las actividades del ciudadano común, intentando salvar las distancias entre sus aspiraciones democráticas y los modos en los que éstas se pueden ir completando adecuadamente. ¿Cómo hacerlo posible?

Las discusiones sobre el concepto de ciudadanía abarcan hoy todo el espectro político. Desde fines de los años 1980, el concepto de ciudadanía se utiliza en debates teórico-políticos tan dispares como los que surgen de la reseña siguiente: los Estados de bienestar, gobernabilidad, recombinación de formas comunitarias y autonomía del sujeto individual, educación, libre expresión, rearticulación entre pluralismo cultural e igualdad política, fracaso en el apoyo voluntario de los individuos a políticas de medio ambiente, apatía de votantes, ágora mediática, entre otros muchos. Los estudios de los años 1970 y 1980 se centraron fundamentalmente en problemas estructurales estatales restando importancia al ciudadano. Si bien en cualquier análisis de la ciudadanía el Estado es el mediador que equilibra lo legal con lo legítimo,[57] no es posible omitir hoy que una adecuada concepción de la ciudadanía parece requerir un equilibrio entre derechos y responsabilidades, así como una toma de posición frente al controvertido tema de la participación democrática y su promoción. T. H. Marshall, en su clásico *Citizenship and Social Class* de 1949, definía

---

[57]   *Ibíd.*, p. 88.

la ciudadanía en términos de posesión de derechos. Para Marshall, cada uno debía ser tratado como un miembro pleno en una sociedad de iguales. A nivel de la teoría, el concepto de ciudadanía está vinculado a las exigencias de justicia y de pertenencia comunitaria. La ciudadanía se asocia a la idea de derechos individuales y a la noción de vínculo con una comunidad particular. No se trata simplemente de un estatuto legal definido por un conjunto de derechos y responsabilidades, sino que es también una identidad, la expresión de la pertenencia a una comunidad política. Los conceptos abstractos de "ciudadanía", "identidad" y "diferencia" son hoy tan familiares como triviales, como resultado de transformaciones políticas y culturales recientes a nivel global, que desafían tanto las nociones de universalidad y de agencia, como las tradiciones del liberalismo, del nacionalismo y del pluralismo.

La ciudadanía sugiere entonces una tensión permanente entre los diferentes componentes que articulan la identidad política y colectiva de los miembros de una sociedad democrática. Se trata de un concepto político con pretensiones de universalidad, que encarnan individuos particulares en una tensión que constituye la arena de conflictos abiertos y latentes. Pertenencia y responsabilidad son caras de la misma moneda pero es claro que no alcanza con eso. Ya si pensamos en el proceso de globalización, en la pertenencia a aldeas o junglas globales, el sentido de desarraigo resulta bastante generalizado y por motivos diversos. Cuando lidiamos con el uso clásico de la ciudadanía, lo que juega un rol importante es el tema de las inclusiones y las exclusiones, un viejo problema que tiene nuevos giros con el aumento de la emancipación de grupos minoritarios, los ataques al Estado de bienestar y los problemas en torno a la marginalización. Y estas discusiones alcanzan una relevancia superlativa en torno al contexto de una América del Sur en la que el impacto previsible de la crisis apunta, como veremos, a una desaceleración en el combate a la pobreza y a una más difícil promoción de políticas redistributivas cuya implementación es impostergable. De este modo, el impacto de la crisis global se despliega sobre una América Latina en tránsito de cambios inciertos, con ciudadanías sensibilizadas sobre los tópicos de la gobernabilidad democrática y de la democratización más amplia de sus respectivas sociedades políticas.

Perfiles del cuadro político sobre el que impacta la crisis en América Latina

Lejos de minimizar los efectos de la crisis global sobre la región, pero también distantes de visiones catastrofistas, muchos analistas tienden a coincidir en que desde América Latina y el Caribe, una respuesta certera y profunda ante esta coyuntura desafiante de la crisis global, puede configurar una oportunidad para profundizar ciertas definiciones políticas estratégicas. Entre estas últimas destacan: la necesidad de renovar la voluntad política integracionista, bastante bloqueada en los últimos años; relanzar desde esa reafirmación integracionista estrategias audaces y viables en procura de iniciativas eficaces de reinserción internacional; la promoción de acuerdos nacionales y regionales en la perspectiva de activar en clave política nuevos proyectos de desarrollo con visión más integral y estratégica, menos dependientes de las oscilaciones de los mercados internacionales; renovar compromisos y coaliciones para confirmar políticas de reintegración social, con reducción de la pobreza y de la indigencia pero también con opciones vigorosas en materia de lógicas redistributivas y de equidad; la reafirmación más contundente del camino democrático como vía excluyente para garantizar la gobernabilidad y los cambios sociales de signo positivo de los últimos años.

Por cierto que en muchos de estos rubros abundan los argumentos y fundamentos para establecer visiones escépticas en relación con que el impacto de la crisis pueda configurarse en la coyuntura más idónea para cambiar estilos y prácticas que, en circunstancias más "normales", se han orientado en perspectivas contrarias. Sin duda, los temas de los cambios a nivel de las prácticas y modelos de ciudadanía imperantes en la región y la trayectoria de las visiones en torno al tema de la democracia configuran aspectos centrales para interpelar el posible impacto de la actual crisis global en relación con los escenarios previsibles de la gobernabilidad democrática en la América Latina de los próximos años.

La complejidad y el sentido paradojal de ciertas tendencias políticas "nuevas" en el hemisferio

En la actualidad es posible apreciar, particularmente en la región sudamericana, una tendencia a la consolidación, por una parte, de varias experiencias en materia de integración política y económico-comercial, en cierto modo postuladas como alternativas ante los avasallamientos del formato unipolar y hegemonista de la globalización "realmente existente" de la última década del siglo XX. Por otro lado, se advierte el advenimiento creciente de nuevos gobiernos orientados a transformar (en el marco de restricciones internas y externas) las tendencias ultraliberales provenientes del llamado Consenso de Washington, dominantes como fuente inspiradora de las políticas desplegadas en la región en los años 1990, para dirigirse hacia orientaciones más heterodoxas, en algunos casos con líneas programáticas de un signo "progresista", en otros con evoluciones inciertas de estilo más o menos "populista".[58]

Como se verá, todos estos procesos (que más de un autor ha calificado como propios de una "transición posneoliberal") tienen lugar en el marco de un amplio espectro de propuestas que no permiten una caracterización homogénea. Adviértanse, por ejemplo, las diferencias entre las estrategias desplegadas por los gobiernos actuales de Brasil, Chile y Uruguay por una parte, con las impulsadas por Bolivia, Ecuador o Venezuela por otra parte, con situaciones intermedias o erráticas como las de Argentina o Paraguay. La frecuente asimilación de estos ocho gobiernos sudamericanos de "nuevo tipo" con una orientación genérica "progresista" o de izquierda no puede en verdad ocultar el signo diverso de las políticas concretas de estos gobiernos en muchos planos, lo que no obsta para registrar también algunas convergencias. ¿El peso de estas últimas fundamenta la mención de un "giro a la izquierda" en el subcontinente? Esta calificación resulta al menos discutible y exige una problematización conceptual.[59]

Más allá de estas diferencias o matices en las políticas aplicadas, lo que sí existe en la región es un signo general de

---

[58] El concepto de "populismo" suele utilizarse con mucha confusión y equívoco y con frecuente intencionalidad política descalificadora en relación con los procesos políticos latinoamericanos contemporáneos. Para precisar mejor los límites y alcances de la categoría, cfr. Mackinnon, María Moira y Petrone, Mario Alberto (Comp.) (1999), *Populismo y neopopulismo en América Latina. El problema de la Cenicienta*, Buenos Aires, Argentina, EUDEBA; y Panizza, Francisco (Comp.) (2009), *El populismo como espejo de la democracia*, Buenos Aires, Argentina, Fondo de Cultura Económica.

[59] Sobre el particular, cfr.: Natanson, José (2008), *La nueva izquierda. Triunfos y derrotas de los gobiernos de Argentina, Brasil, Bolivia, Venezuela, Chile, Uruguay y Ecuador*, Buenos Aires, Argentina, Sudamericana; y Sader, Emir (2009), *El nuevo topo. Los caminos de la izquierda latinoamericana*, Buenos Aires, Argentina, Siglo Veintiuno / CLACSO, entre otras publicaciones recientes.

cambio político en la diversidad. Este proceso histórico se abrió en América del Sur con el advenimiento de gobiernos como los de Lula en Brasil (desde el 2002), los dos presididos en forma secuencial por Néstor Kirchner (2003-2007) y por Cristina Fernández de Kirchner (iniciado a fines del 2007) en Argentina, la apertura de un cuarto "turno" de la experiencia de la Concertación Democrática en Chile bajo la presidencia de Bachelet (desde el 2005), las oportunidades abiertas en el Uruguay a través de la victoria en primera vuelta de la izquierda unida en el Frente Amplio con el presidente Tabaré Vázquez (desde marzo del 2005), el triunfo también en primera vuelta del Movimiento al Socialismo (MAS) bajo el liderazgo y la presidencia del dirigente indígena Evo Morales en Bolivia (desde el 2005), el gobierno del presidente Rafael Correa en Ecuador (desde 2006) y el más reciente de Fernando Lugo en Paraguay, que asumió el 15 de agosto de 2008 el gobierno de ese país luego de más de 61 años de hegemonía ininterrumpida del Partido Colorado. También, pese a sus giros de perfil controvertido, la experiencia de gobierno de Hugo Chávez en Venezuela (a lo largo de una década iniciada en 1998), en particular en lo que hace a su rechazo al intervencionismo norteamericano y a su militancia integracionista "bolivariana" (pese a algunos rasgos controversiales, a los que se hará mención más adelante), refieren un continente que parece virar política e ideológicamente, siempre, claro está, dentro de los márgenes estrechos de un contexto internacional que ha sido favorable en ciertos aspectos en los últimos años, pero que en la actualidad parece volverse más incierto y amenazante.

Resulta importante advertir que en el bienio 2009-2011, precisamente en el periodo de mayor impacto previsible de la crisis global, se abre en el continente un profuso ciclo de elecciones que puede variar de manera sustantiva el mapa político sudamericano y también latinoamericano.

No resulta sostenible el fundamentar la irreversibilidad del cambio del signo ideológico de los gobiernos antes mencionados o su segura continuidad en los próximos años. En muchos de estos países, los procesos electorales se despliegan dentro de contextos de fuerte incertidumbre. Esta se da hasta en el caso de gobiernos populares y en buena medida exitosos al final de su mandato (como fue el caso de Uruguay, en el que finalmente ganó en segunda vuelta el candidato oficialista José Mujica, o como son los casos de Chile, en el que Sebastián Piñera es el favorito de cara al balotaje de enero de 2010, y Brasil, donde el también opositor José Serra se mantiene al frente de las encuestas de cara a los comicios nacionales del año entrante), en los que no es seguro tampoco que los partidos de gobierno triunfen en las elecciones próximas, enancados en el impulso oficialista y continuista en relación con sus predecesores.

Algunos de los principales retos políticos para los nuevos gobiernos

En algunas de estas experiencias, no en todas –y esto configura un profundo desafío para las concepciones *progresistas* en la región–, los nuevos gobiernos, desde su diversidad, han incorporado como uno de los ejes de su labor el tópico de la profundización democrática. Aunque de muy diversas formas y con contenidos disímiles, los gobiernos actuales de Bolivia, Brasil, Chile, Paraguay y Uruguay, resultan ejemplos orientados –por cierto que bajo la polémica de sus respectivas oposiciones– a incorporar demandas en esa dirección. El caso de la conflictiva Bolivia puede despertar discusiones en este punto, aunque a nuestro juicio, el gobierno de Evo Morales, más allá de errores y excesos, encarna una propuesta genuina y profunda de profundización democrática, desde la defensa y promoción de los derechos de la mayoría indígena, ancestralmente marginada y explotada en ese país.[60] En cambio, también desde una perspectiva también opinable, en la Argentina de los Kirchner y en la experiencia interesante y controversial del Ecuador de Correa, sobreviven dudas severas respecto a este punto, mientras que sobre todo en la Venezuela de Chávez, este aspecto constituye uno de los *talones de Aquiles* de estas experiencias, con signos evidentes de un estilo confrontativo, con una sociedad muy polarizada y con falta de consensos básicos para la credibilidad de las instituciones democráticas.

Debe advertirse de todos modos que los problemas políticos en estos países no empezaron con sus actuales gobiernos. Este señalamiento acerca de la fragilidad de la democracia venezolana, por ejemplo, advertido incluso por sectores y grupos de izquierda de ese país, debe necesariamente complementarse por el registro del

---

[60] Con esta mención no se busca omitir o invisibilizar la conflictividad fuerte que ha caracterizado la coyuntura política boliviana de estos últimos años, en especial durante buena parte de la trayectoria de la Constituyente, cuyo proyecto resultó finalmente aprobado. Sin embargo, si se profundiza en la perspectiva histórica de esa sociedad mayoritariamente indígena, en el legado ancestral de la marginación política y social de esas poblaciones, en la estructura tradicionalmente injusta de esta nación andina, sin duda que pueden entenderse mejor y compartirse muchas de las propuestas de "reinvención democrática" impulsadas por el actual gobierno del MAS presidido por Evo Morales. Asimismo, el conflicto entre ese intento y las aspiraciones autonomistas (¿secesionistas?) lideradas por las provincias poderosas de Santa Cruz y Tarija parece inevitable. Lo que debe esperarse (y ayudarse desde la acción de política exterior de los Estados sudamericanos, como sucedió con la reciente intervención de UNASUR) es que estas controversias puedan tramitarse en paz, sin esa violencia institucionalizada que tanto daño ha hecho a Bolivia en el pasado. La aplastante victoria de Evo Morales en los comicios del 6 de diciembre de 2009 configuran un espaldarazo decisivo del electorado boliviano al proyecto de "revolución democrática" impulsado por el MAS. Los años venideros serán fundamentales para evaluar la consistencia y profundidad de esos cambios, así como el signo inequívoco de su proclamada orientación democrática.

descaecimiento político e institucional que precedió el advenimiento de Chávez al poder, a lo que debe sumarse el reconocimiento de actitudes de deslealtad institucional manifiesta por parte de varios de los partidos y sectores de la oposición, a menudo estimulados abiertamente por el gobierno norteamericano.

Por su parte, la Colombia de Álvaro Uribe y el Perú de Alan García, con signos ideológicos muy diferentes, tampoco proyectan situaciones de solidez en términos de cohesión democrática. Claro está que en un contexto de confrontación que heredó, Uribe también ha cedido a la tentación reeleccionista y a la extrema personalización de su experiencia de gobierno, no ha mejorado en forma efectiva la grave situación de violación a los derechos humanos en su país (lo que entre otras cosas, ha empantanado la aprobación en el congreso norteamericano del TLC ya firmado) y ha terminado en una situación de aislamiento en el continente, tanto en sus contenciosos con sus vecinos como en su proyecto de instalación de bases con militares norteamericanos en territorio colombiano, iniciativa que ha despertado casi unánimes recelos en la región. Por su parte, el gobierno de García no ha logrado capitalizar políticamente los éxitos económicos del impulso previsible de los primeros momentos de aplicación del TLC con los EE.UU., al tiempo que su creciente impopularidad (que se ha acrecentado tras el impacto de la crisis global) y la conflictiva situación social peruana marcan fuertes dudas sobre el signo de la evolución política futura de ese país.

En este marco, en la última década han podido registrarse algunas señales más generales en el panorama político regional de América del Sur. Las profundas crisis políticas e institucionales que algunos países de la región han padecido en estos años dan cuenta de muchos fenómenos ya inocultables. Advirtamos algunos de ellos:

I) *Los formatos democráticos clásicos y sus actores tradi-cionales han deteriorado su legitimidad en varios países de la región y hoy presentan –en mayor o menor medida según los casos– insuficiencias claras para consolidar democracias nuevas y arraigadas en el continente.* Al tiempo que varios sistemas de partidos se han desplomado (Venezuela, Bolivia, Ecuador) o se revelan sumamente débiles (Argentina, Perú, Colombia), en varias sociedades del continente emergen nuevos actores sociales y políticos de signo contestatario, en gran medida como rebelión inorgánica frente a las "demo-cracias limitadas y de baja intensidad" de los años 1990, y como apuesta para encontrar nuevos cimientos políticos para procesos de profundización democrática, que incorporen la participación de grandes franjas de la población, desplazadas históricamente del ejercicio efectivo de la ciudadanía, del "derecho a tener derechos". En muchos casos, estos fenó-menos novedosos se expresan a través de modalidades y liderazgos renovadores, en procura de dar voz a los "invi-sibles" ancestrales de los regímenes anteriores (indígenas, pobres, afrodescendientes, mujeres, sectores marginados en general, etc.), y a exigir el cumplimiento largamente postergado de sus legítimas demandas de justicia, tanto en materia política, social como cultural. En otros casos, en cambio, se reitera el histórico *síndrome* latinoamericano de los liderazgos mesiánicos, con culto a la personalidad e identificación personalista del régimen.

II) *Un antinorteamericanismo profundo (entendido no como una ruptura frente al pueblo y a las instituciones de esa nación sino como un rechazo profundo a las prácticas contrarias al Derecho y a la Comunidad internacionales adoptadas en especial por la administración ultraderechis-ta del presidente Bush (h) en sus ocho años de mandato) se expandió en las sociedades del continente* como hacía décadas no ocurría, impulsando nuevamente posturas de corte nacionalista y popular, a partir de discursos que hacían énfasis en la defensa de soberanías que se percibían agredidas y desconsideradas. Es esta una tendencia que emerge consistente a nivel de la opinión pública de los países del continente, más allá de las estrategias y actitudes más diversas que sobre este particular han expresado los presidentes. En este sentido, resulta muy contrastante el desempeño de mandatarios como Lula, Bachelet o Vázquez en relación con lo ocurrido con los ejemplos de Chávez, Correa o Evo Morales. Con el triunfo del demócrata Barack Obama en las elecciones norteamericanas del 4 de noviembre de 2008, resultado en general muy bien recibido en la región, se abrió un margen de expectativas a propósito de cambios positivos en el relacionamiento de los países sudamericanos con los EE.UU. Este sentimiento resultó fortalecido en los primeros meses del nuevo gobierno, por ejemplo, tras el discurso de Obama en la Cumbre de Trinidad y Tobago, y a partir de algunas iniciativas graduales de cambio en las políticas frente al tema Cuba o en la crisis de Honduras. Sin embargo, esta expectativa ha decaído en forma ostensible en los últimos meses, ante acciones como la instalación de bases militares con efectivos norteamericanos en Colombia, ante su inoperancia en acelerar los cambios hacia el continente, así como también ante sus fracasos en concretar su declarado rumbo multilateralista (ostensibles, por ejemplo, en su pobre desempeño en la Cumbre de Copenhague). De todos modos, las políticas tradicionalmente proteccionistas de los demócratas, con seguridad reforzadas por el actual contexto de crisis financiera internacional, no auguran transformaciones radicales en el plano de acuerdos comerciales genuinos entre EE.UU. y los países sudamericanos, ni siquiera en el formato de los TLC clásicos, cargados de agenda "OMC plus" y fuertemente condicionantes de los modelos de desarrollo.

III) *El consenso acrítico imperante en los años 1990 sobre las bondades poco menos que indiscutibles del recetario liberal ortodoxo, emanado de los organismos financieros internacionales, cada vez genera más críticas y rebeldías,* incrementadas aun más luego del estallido de la actual crisis financiera internacional, con las múltiples evidencias que ha dejado respecto a las consecuencias negativas del dogmatismo desregulador del "capitalismo sin reglas y sin miedo" de las últimas décadas. Más allá de la fuerza y profundidad extendidas de estas visiones críticas, también debe advertirse que muchas de estas posturas resultan más consistentes desde los discursos de oposición y resistencia que en los contenidos mismos de las políticas implementadas desde el ejercicio del gobierno. En este sentido, resulta notorio que las alternativas presentadas por los gobiernos sudamericanos antes referidos resultan –según los casos– más o menos sólidas y defendibles en términos de cambio efectivo o, en algunas experiencias, bastante retóricas y poco viables. Parece poco discutible el señalamiento sobre que los actuales contextos de crisis internacional constituyen –para los gobiernos sudamericanos que invocan la bandera del cambio social– una coyuntura muy desafiante para aquilatar la consistencia efectiva de sus propuestas transformadoras, en especial en relación con políticas económicas y a modelos de desarrollo genuinamente alternativos, que no sólo logren éxitos en abatir la pobreza sino que también generen procesos arraigados de redistribución del ingreso. Como vimos, la coyuntura de la crisis global con sus impactos en la región refuerza la radicalidad de este auténtico test acerca de la profundidad del signo alternativo y del sustento efectivo de los modelos de desarrollo anunciados o en cursos de implementación por los gobiernos "progresistas".

Las claves y posibilidades de este "nuevo orden posneoliberal" en la región se han traducido, en efecto, en cambios electorales y políticos tan espectaculares como impensables hace algunos años. La profundización del rechazo popular en las sociedades sudamericanas a la política exterior implementada por la administración Bush entre el 2001 y el 2009, la crítica creciente a las políticas "neoconservadoras" y a sus defensores en el subcontinente, así como la lentitud en los procesos de superación efectiva de los cuadros de pauperización, desigualdad, marginación y concentración del ingreso, constituyeron en efecto factores no únicos pero sí de los más decisivos para explicar el advenimiento de los cambios políticos anotados en la región. Todos estos fenómenos también resultan factores desafiantes y problematizadores en tanto herencias "malditas" o contextos muy demandantes para medir los límites y alcances de la gestión de estos nuevos gobiernos de signo más progresista. En suma, los mismos factores que han estimulado su crecimiento electoral y su triunfo en las urnas, tienden a problematizar y a interpelar la gestión de estas fuerzas políticas renovadoras, una vez que se transforman en gobierno y tienen que lidiar con realidades muchas veces dramáticas, que exigen transformaciones urgentes y profundas. El impacto de la crisis global en la región profundiza de manera radical estos desafíos, aunque como veremos más adelante, los gobiernos y los presidentes sudamericanos que ascendieron al poder en los últimos años han gozado de muy altos índices de popularidad.

Es así que la América Latina, que recibe el impacto de la crisis, es un continente que en términos políticos revela profundos cambios que recrudecen la fragmentación y las asimetrías en la perspectiva de sus gobiernos y ciudadanías. También esto se advierte en las concepciones contrastadas que se verifican acerca de los modelos y prácticas concebidas como democráticas y como sustento de una gobernabilidad legítima. Más allá de retóricas, los procesos de reforma o "refundación" de los Estados latinoamericanos tampoco han podido avanzar de acuerdo con los requerimientos planteados, y ello constituye un factor de bloqueo para la adopción de políticas innovadoras y eficaces, en especial en lógicas de promoción del cambio social, sometidas además al impacto restrictivo de la crisis. En ese marco, a partir también de la legítima presión de sociedades con largas historias de marginación y relanzadas en la última década a nuevas formas de protesta y movilización, no resulta aventurado augurar que es posible que las tensiones políticas aumenten en los países del continente, y que esto genere situaciones de inestabilidad y polarización.

Ello no necesariamente debería resultar una preocupación para un proceso de *democratización de la democracia* en América del Sur. Si como creemos, democracia también significa hoy en el continente reempoderamiento social y político, mayor grado de involucramiento de las ciudadanías, nuevos espacios para la "agencia" (entendida como participación política genuina e idoneidad de los actores para impulsar los cambios), toda propuesta de democratización tiene que aportar formas nuevas de incorporación de los conflictos. En cualquier hipótesis, la consolidación de la gobernabilidad democrática, que ya era un tema central en la agenda del continente previo al impacto de la crisis, no hace más que reforzarse en su centralidad en esta coyuntura. Asimismo, la crisis actual vuelve a confirmar que la estabilidad política y la solidez de las formas de gobierno democrático no son asuntos que los países puedan resolver a cabalidad desde caminos solitarios o aisladamente; refieren también la centralidad renovada de la dimensión de lo regional en toda la coyuntura. En esa perspectiva de análisis, con el foco puesto sobre un proceso de resignificación democrático que debe consolidarse y profundizarse en un contexto desafiante de crisis internacional, la consideración de las actuales estrategias de inserción internacional de los países sudamericanos puede convertirse en un observatorio privilegiado para el tema que nos ocupa.

Gobernabilidad y dilemas actuales de la inserción internacional de América Latina: contextos e iniciativas, aprendizajes y exigencias

Los contextos actuales en materia internacional no podrían ser más convergentes en la demanda de una acción sólida, a nivel nacional y regional, en materia de una renovada iniciativa de inserción mundial desde América del Sur. Los procesos y acontecimientos de auténtica proyección histórica que se vienen sucediendo a ritmo de vértigo demandan respuestas impostergables desde la región. Además del impacto ya aludido de la crisis financiera internacional, con sus múltiples consecuencias y su previsible secuela de cambios a nivel de la arquitectura institucional del sistema,[61] cabe señalar otros elementos que también operan en esa dirección: el advenimiento de un escenario más multipolar, pero con la desventaja de una crisis aguda de los organismos e instancias multilaterales; cierto clima de incertidumbre general a nivel mundial, en el que a las especulaciones (con expectativas de cambio hasta ahora frustradas) tras el triunfo de Obama en las elecciones norteamericanas, se le suman los giros imprevistos de una Rusia refortalecida y con renovadas aspiraciones

---

[61] En la reunión del llamado "G 20 financiero", conformado por las diecinueve economías más fuertes del mundo más la Unión Europea como bloque, participaron Argentina, Brasil y México. Cabe referir que los cancilleres y presidentes de los bancos centrales de esos países y bloques se reunieron primero en Brasil antes de la Cumbre de Washington, celebrada a mediados de noviembre de 2008, en lo que significó una nueva ratificación del liderazgo internacional del gigante sudamericano y la confirmación de su condición de *global player*. El presidente Lula impulsó de manera protagónica la elaboración de un documento en el que se plantearon cambios profundos en el Fondo Monetario Internacional y en el Banco Mundial, se demandaron nuevos instrumentos de regulación y supervisión, a la vez que se exigió una mayor participación de los llamados países emergentes en los foros de decisión de la economía mundial.

de liderazgo, una Unión Europea ampliada que entra en recesión, las incógnitas del rumbo que seguirán China y las otras economías fuertes de Asia, con un reclamo de mayor protagonismo y participación del grupo de países emergentes; pese a los reiterados anuncios en contrario, la ronda de Doha "se resiste a morir" y el aplazamiento de su conclusión enlentece y condiciona muy fuertemente otras negociaciones internacionales muy relevantes para la región;[62] se consolidan cambios importantes en distintas áreas de las relaciones internacionales como las de la cooperación, los retos del cambio climático, las migraciones, los derechos humanos, las posibilidades de aplicación efectiva de las convenciones multilaterales vinculadas con agendas de corte mundial, hasta el momento con resultados poco auspiciosos;[63] entre otros muchos.

Podría seguirse con una larga lista de procesos y acontecimientos similares, pero todos ellos convergerían en el mismo punto: la renovación radical de los desafíos globales impone una reinserción internacional potente de la región y de sus países. Es también en ese contexto desafiante en el que hay que pesar los impactos de los avatares de las agendas y procesos nacionales en los países sudamericanos, sus procesos de *resignificación democrática*, así como la multiplicidad de las propuestas de integración y concertación política en el continente, con sus distintos

---

[62] A este respecto resulta muy fuerte la vinculación del resultado final de Doha con la posibilidad de avances efectivos en la negociación de acuerdos de asociación entre los bloques y países latinoamericanos con la Unión Europea. Sin embargo, las opiniones divergen acerca de los efectos de esta circunstancia: mientras hay observadores y analistas que sostienen que la falta de acuerdo estimula las negociaciones birregionales, hay otros que sostienen la tesis contraria.

[63] Los mínimos y muy insuficientes acuerdos obtenidos en la Cumbre de Copenhague sobre el tema crucial del Cambio Climático, celebrada en diciembre de 2009, constituyen un ejemplo por demás ilustrativo acerca de los fundamentos de este señalamiento.

formatos y alcances institucionales, ideológicos, comerciales y productivos. Cualquier formato de gobernabilidad democrática tiene en la eficacia de su política exterior y de sus estrategias de inserción internacionales un requerimiento ineludible.

Los giros de los procesos de integración actualmente en curso de implementación en América Latina no pueden descontextualizarse de lo acontecido durante el último tiempo en el panorama político regional. En primer lugar, tomando como ejemplo privilegiado lo ocurrido en el seno del MERCOSUR, parece ya evidente lo infértil de aferrarse a la invocación de la "afinidad ideológica" de los gobiernos de los Estados partes de un bloque como motor principal de una transformación positiva de los procesos de integración. Para profundizar sobre ese punto, habría que problematizar primero si realmente ha habido "un giro a la izquierda" en los gobiernos de la región y, en caso de aceptarlo, analizar con rigor cuáles son los límites y alcances de su contenido en materia de políticas específicas (indagando, por ejemplo, en los discernimientos necesarios entre izquierdas clásicas, "progresismos", movimientos nacional-populares, etc.). Asimismo, habría que advertir hasta qué punto el advenimiento de esos nuevos gobiernos en la región ha promovido (directa o indirectamente) o al menos ha coincidido con el retorno de intereses sectoriales, nacionalistas y políticos, la mayoría de ellos no muy proclives a apuestas y sobre todo a sacrificios pro integracionistas. Lo que ya resulta poco discutible es la confirmación de que los procesos de integración no se consolidan sólo desde las "afinidades ideológicas" de los gobiernos que los promueven, sino que requieren también de la solidez de construcciones institucionales entre diferentes, circunstancia por otra parte inherente a una integración entre Estados democráticos, con previsibles alternancias de gobierno de diferente signo ideológico.

Otra nota insoslayable del panorama político regional tiene que ver con la persistencia de situaciones de inestabilidad política, con la continuidad de la crisis de los partidos y de las formas de la representación (de la mano del auge de movimientismos, personalización de la política, desprestigio de los parlamentos y de los partidos, etc.), con la consolidación de muy fuertes cambios en los mapas nacionales y regionales de movimientos y actores sociales. A este cuadro político conflictivo y cambiante debe sumársele el mantenimiento -aunque con mejoras estimables en los últimos años- de desigualdades sociales inadmisibles, en un continente que sigue siendo uno de los más desiguales del planeta pero que entre 2003 y 2008 pudo ostentar niveles de crecimiento económico muy alto, de la mano de condiciones externas coyunturalmente favorables para la exportación de *commodities*. La crisis internacional, como vimos, ha frenado este ciclo de bonanza y crecimiento en el 2009, pero su impacto innegable en la región ha sido -por lo menos hasta este momento- menos profundo que lo esperado, por las razones ya anotadas.

En un marco que combina inseguridad interna con conflictos emergentes de diversa índole, con países que realizan gastos fortísimos en armamentos y con una presencia militar norteamericana crecientemente visible (sobre todo desde la reactivación de la IV Flota pero también desde antes), América Latina, América del Sur y el propio MERCOSUR ven multiplicarse los signos de su relativa marginalidad en ciertos escenarios del contexto internacional. Véanse a este respecto indicadores sobre el peso de la región en porcentajes del comercio mundial, PBI, flujos financieros, patentes aprobadas en los últimos treinta años, volumen de inversiones u otros datos similares y se advertirá con claridad esa situación. Sin embargo, en términos de capacidad y eficiencia en la producción de alimentos agropecuarios, de posesión de recursos naturales estratégicos (en particular hídricos y energéticos), de riqueza en biodiversidad unidos a perfiles de vulnerabilidad medioambiental, la situación resulta bien contrastante. En ese marco, las riquezas y potencialidades de las distintas cuencas y acuíferos de América del Sur, por ejemplo, lejos están de la marginalidad anotada y ya despiertan codicias externas varias.

Los procesos de integración actuales y su balance incierto

Con el telón de fondo de ese panorama político regional, la situación de los procesos de integración a nivel hemisférico, no sólo en América del Sur sino más ampliamente en relación con América Latina, provoca expresiones de desencanto o al menos de incertidumbre. Obsérvese a este respecto la enumeración de algunos procesos que se orientan al menos en una de esas dos direcciones. La Comunidad Andina de Naciones (CAN) parece oscilar entre una lenta agonía o en reposicionarse con la asunción de flexibilidades que admitan "avances a dos velocidades" y "geometrías variables" a la hora de negociar con bloques o potencias extra zona.[64] Chile, por su parte, busca perfilarse como la usina sureña del proyecto de una "Liga del Pacífico" con proyección privilegiada hacia Asia y EE.UU., al tiempo que intenta (tal vez de manera más realista y

---

[64]   Tal parece ser la vía posible para mantener el bloque ante la manifiesta divergencia de caminos entre Ecuador y Bolivia frente a Colombia y Perú, reforzada especialmente ante temas como la firma de tratados de libre comercio con los EE.UU. o de acuerdos de asociación bilaterales (por lo menos en relación con el componente comercial) con la Unión Europea. La previsible aceptación de una flexibilidad que permita la coexistencia de posicionamientos internacionales tan diferentes parece ser hoy la fórmula más previsible a los efectos de evitar el estallido del bloque.

pragmática) asociarse con Brasil en el impulso del proyecto de la Unión Suramericana de Naciones (UNASUR). El SICA y el CARICOM, más allá de las diferencias entre sus países miembros, parecen consolidar su inserción plena en la órbita norteamericana, al igual que lo que ocurre más específicamente con México. Pero esta América Latina tan cercana a la influencia de los EE.UU. comienza a sentir las duras consecuencias de la ya instalada recesión norteamericana, de duración incierta.[65] Con el advenimiento tan acelerado –aunque hasta hoy inconcluso–[66] de Venezuela como socio pleno, el MERCOSUR se expande pero sin una profundización consistente, postergando una y otra vez la concreción de los objetivos de sus agendas y su anunciado (reiterado hasta el hartazgo) "relanzamiento". Tras el fracaso del proyecto ALCA, a partir de la postura asumida por los países del MERCOSUR y Venezuela (por entonces ajeno al bloque) durante la Cumbre de Mar del Plata de fines del 2005, la presencia norteamericana en la región parece empero haberse consolidado con la expansión de los TLC bilaterales,[67] aun cuando la situación actual tiende a perfi-

---

[65]   Obsérvese a este respecto el impacto previsible en esta dirección en México, con más del 85% de sus exportaciones radicadas en el mercado norteamericano y con más de 10.000.000 de emigrantes en territorio norteamericano. Adviértase que el presidente Barack Obama habló en la campaña electoral de 2008 de reformular el NAFTA y el CAFTA, lo que de producirse sin duda arrojaría consecuencias muy duras en la región. Ya en estos momentos, existen muchos registros que evidencian descensos fuertes en el envío de remesas desde migrantes latinos en EE.UU. a sus países de origen, lo que sin duda conmoverá las economías de estos últimos.

[66]   En diciembre de 2009, el Senado brasileño en una votación dividida (35 votos favorables y 27 contrarios) terminó de aprobar el Protocolo de Adhesión de Venezuela al MERCOSUR. Con la aprobación ya concretada por parte de Argentina y Uruguay, ahora sólo resta la decisión del Parlamento paraguayo, quien resolverá en marzo de 2010.

[67]   Los EE.UU. han firmado TLC con México, toda Centroamérica más República Dominicana, Chile, Perú y Colombia, en este último caso, con la aprobación pendiente del Congreso. Han rechazado esta alter-

lar cambios de entidad en este campo a partir del triunfo demócrata en las elecciones legislativas norteamericanas de noviembre de 2006 (que le otorgó la mayoría en ambas cámaras al Partido Demócrata, con sus conocidas tendencias proteccionistas). Esta situación se ha profundizado en sus alcances luego del triunfo de Obama y de la ampliación de la mayoría demócrata en el Congreso norteamericano, ocurrida en las elecciones de noviembre de 2008. Por su parte, el proyecto de la UNASUR, piedra angular del proyecto continental de Itamaraty, pese a algunos aciertos iniciales de relevancia y a sus potencialidades efectivas en algunos planos,[68] no parece terminar de definir con claridad sus objetivos y proyecciones políticas y económicas.

Asimismo, vuelve a proliferar en la región una puja sorda en procura de posicionamientos de liderazgo y articulación de "ejes" (Brasil vs. México, el "factor" Venezuela y su proyecto *bolivariano* tan personalizado en la figura de Chávez, el "eje" ideológico Bolivia-Cuba-Ecuador-Nicaragua-Venezuela en el proyecto ALBA, el "eje" Brasilia-Buenos Aires-Caracas, la proyectada e incierta "Liga del Pacífico", etc.). Por su parte, hay países que disputan la preferencia norteamericana en la región: la Colombia de Uribe (con la inquietante instalación

---

nativa todos los países del MERCOSUR (Argentina, Brasil, Paraguay y Uruguay), Venezuela, Bolivia y Ecuador. Este discernimiento, a partir de los contenidos específicos del formato norteamericano de TLC y de sus fuertes condicionamientos en varios temas, implica una diferencia sustancial en términos de estrategia de inserción internacional en el continente.

[68] De esa manera puede reputarse su eficaz intervención, impulsada inicialmente por Chile y luego respaldada por Brasil y el resto de los países del continente, en ocasión del recrudecimiento de la crisis boliviana en 2008. El proyecto de la UNASUR, que sucedió con increíble celeridad al malogrado y efímero intento de la precedente Comunidad Sudamericana de Naciones, desde un comienzo parece haberse orientado a objetivos específicos como la concertación política, los proyectos de infraestructura común y de articulación energética, y el más controversial tema del llamado "Consejo de Defensa".

de nuevas bases militares con fuerte presencia de efectivos estadounidenses), el nuevo Perú jugado a la estrategia de su flamante TLC con EE.UU., a los que podría sumarse ese Chile "posconcertación" que despunta, de confirmarse en el balotaje de enero próximo el triunfo ya obtenido en primera vuelta de Sebastián Piñera. La presencia internacional de América Latina, en especial a través de su protagonismo en el "G 20 plus" o de alguno de sus países (Brasil, México y Argentina) en el "G20 financiero", que discute una nueva institucionalidad para el sistema financiero internacional tras la crisis, no termina de resignificar su necesario rol contestatario ante los poderosos (como en las Cumbres de Cancún o Lima) en la posibilidad de concreción de acuerdos positivos (en particular luego del persistente fracaso de la "Ronda de Doha" y en cómo ha quedado el maltrecho escenario de la OMC) a nivel de los ámbitos multilaterales o birregionales con la UE. Si es cada vez más visible que Brasil deviene un "actor global" poderoso, tampoco resulta consistente su soporte regional, necesario para la afirmación de su protagonismo mundial. De todos modos, este tema crucial –el de si la vocación global de Brasil requiere o no de un sólido afincamiento regional sudamericano– configura uno de los temas más relevantes de las cruciales elecciones brasileñas de 2010. Quien se perfila como el más seguro candidato de la oposición, el "tucano" José Serra,[69] ha venido reiterando su convicción acerca de que Brasil necesita "desatarse" de la región.

---

[69] José Serra, perteneciente al Partido Social Demócrata Brasileño (PSDB), el mismo del ex presidente Fernando Henrique Cardoso (1994-2002), se perfila como el candidato opositor con más chance para disputarle la presidencia al candidato oficialista (todavía no resuelto) en los comicios de 2010. Serra ya anteriormente fue candidato presidencial en el 2002, siendo derrotado en aquella oportunidad por Luiz Inácio Lula Da Silva, quien luego reiteraría su triunfo cuatro años después. Lula ha rechazado la posibilidad de impulsar una reforma constitucional que lo habilite a disputar un tercer mandato consecutivo.

En suma, más allá de los logros obtenidos, ciertas notas de desencanto o incertidumbre parecen dominar los balances en este punto, más allá de las apuestas activas en juego, algunas de las cuales pueden también encontrar proyecciones favorables en los próximos años.

¿Convergen los países sudamericanos en sus políticas exteriores?

Otra forma insoslayable de perfilar un panorama político general acerca de los procesos de integración y concertación política en la región deriva de la interrogación sobre la convergencia o no de las orientaciones de las políticas exteriores actuales de los gobiernos sudamericanos. En esa dirección, ¿pueden encontrarse evidencias sólidas acerca de la existencia de visiones estratégicas convergentes en la región? A nuestro juicio, cabe el señalamiento de fuertes dudas al respecto. Abonan esa visión la constatación acerca de que los partidos políticos, sobre todo los llamados "progresistas", han resultado mucho más integracionistas en la oposición que en el gobierno. Asimismo, al tiempo que persiste la fuerza prioritaria de los intereses de los Estados nacionales, se ponen de manifiesto de manera especial fuertes recelos en los gobiernos de la región en torno a apuestas de construcción de instituciones integracionistas o de articulación de políticas públicas de signo regional o supranacional. Al mismo tiempo que los procesos integracionistas en curso en el hemisferio demuestran dificultades visibles para abordar en conjunto su agenda externa (con particular perjuicio para los países pequeños de los diferentes bloques), que crecen las "tentaciones" bilateralistas desde el Norte y que persisten las dificultades de negociación favorable en los escenarios multilaterales, se vuelve evidente la dificultad para hacer converger de manera efectiva las estrategias comunes de política exterior, entre la reiteración de visiones tanto hegemonistas como provincianas, entre regionalismos "mesiánicos" y personalistas y "pragmatismos tácticos" sin estrategia. Como pruebas muy gráficas en esa dirección podrían citarse la presencia creciente del conflictivo Irán en la agenda externa de varios países de la región, de la mano de una iniciativa muy fuerte del presidente Chávez sobre este punto, que también abarca asociaciones privilegiadas con Rusia y Corea del Norte. Más allá de la invocada "desideologización necesaria del comercio" y de la exploración de perspectivas de diálogo internacional multipolares, cuesta no registrar –por lo menos– cierta perplejidad y desconcierto ante el énfasis dado en buena parte de América del Sur a esas apuestas.

En suma, aun con las limitaciones que impone una mirada global sobre un subcontinente tan heterogéneo como América del Sur, una hipótesis central podría apuntar al señalamiento de que el *cambio en la fragmentación* configura uno de los rasgos más definitorios del panorama político actual desde ese observatorio referido de las estrategias de inserción internacional priorizadas en la región. Esto parece perfilarse tanto desde la consideración de los países en solitario, como desde la atención a los procesos de integración y de concertación política internacional en curso en la región. Esta constatación adquiere por su parte una relevancia especial de cara a un proceso de cambio político al que el impacto de la crisis parece empujar en sus claves más regionalistas.

En ese sentido, si resulta poco convincente la visión de quienes niegan la existencia de un cambio político de envergadura en el continente, también lo es la de aquellos que infieren un rumbo claro y homogéneo de esta inflexión de transformación política. En verdad, como vimos, son muchas las preguntas que se agolpan en torno al posible derrotero político de muchos países de América del Sur y del continente en su conjunto o de algunas de sus subregiones, como para "despacharlas" con la referencia genérica a una tendencia uniforme y con perfiles claros y determinados. Para decirlo de manera más sencilla, es necesario someter a "filtros conceptuales" más rigurosos la idea dominante del "giro a la izquierda" en América del Sur.[70]

Para citar sólo algunas de esas preguntas difíciles que no admiten respuestas ni atajos perezosos: ¿qué pasará en Cuba en los próximos años? ¿Cuál será el impacto de esa evolución en Centroamérica y en el resto del continente? ¿Cuáles serán los efectos del golpe de Estado en Honduras y de su resistencia frente a la presión de la comunidad internacional? ¿Cuál es el futuro del proyecto *bolivariano* y de la propia Venezuela, más allá de Chávez incluso? La Colombia de Uribe, también convertido a la "fiebre reeleccionista", ¿encontrará finalmente una paz viable y una democracia respetuosa de los derechos humanos tras décadas de violencia? El *otro camino* encarnado por Perú y Colombia, en cuanto a sus estrategias de inserción internacional con EE.UU. y la Unión Europea, ¿terminará afirmándose o se verá desbordado por la crisis actual? ¿Cómo dirimirá Ecuador las reformas y cambios encarnados en la experiencia del presidente Correa? ¿Se ha agotado definitivamente la experiencia de la Concertación Democrática y del "modelo chileno" tras cuatro gobiernos sucesivos y la consolidación de visibles signos de agotamiento? ¿El previsible triunfo de Piñera inaugura una nueva etapa o es apenas un intermedio necesario para la renovación del espacio de "centro-izquierda" en Chile? ¿Cómo se

---

[70]   Este tema ha provocado una extensa bibliografía reciente en América Latina. Para citar tan sólo dos ejemplos valiosos, desde perspectivas y enfoques diversos, cfr. Natanson, José, *La nueva izquierda, op. cit.* y Sader, Emir, *El nuevo topo, op. cit.*

desarrollará el tramo final del segundo gobierno de Lula en Brasil y qué vendrá después? Tras la definición crucial de los comicios brasileños del 2010, ¿Brasil confirmará su apuesta sudamericana o variará hacia un protagonismo global más solitario y bilateralista? ¿Se confirmará ese sentido común reafirmado de que a la Argentina "sólo la puede gobernar el peronismo", aun después de la severa derrota electoral del kirchnerismo en las legislativas del 2009? ¿Emergerá un *neoperonismo* de contenido incierto o se está en los umbrales de una inflexión política fuerte y de destino no previsible en Argentina? ¿Cómo seguirá la "era progresista" en Uruguay, tras el significativo triunfo electoral de José Mujica? ¿Qué pasará con la experiencia singular –y ratificada con el muy fuerte respaldo electoral obtenido en los comicios de diciembre de 2009– del gobierno del MAS y de Evo Morales, en una Bolivia renovada pero también conflictiva? El gobierno de Lugo, ¿abre de modo efectivo una nueva era democrática en Paraguay, o sus debilidades se dirigen a una situación de inestabilidad política y tal vez hasta institucional? Y, más allá de los Estados nacionales, ¿cuál será el destino de los diferentes proyectos regionalistas en el continente? ¿Sudamérica, Latinoamérica, Iberoamérica o América a secas, tras el avance de los TLC bilaterales o de una (poco probable) iniciativa diferente de proyección continental del nuevo gobierno de Obama? ¿MERCOSUR o UNASUR? ¿O predominarán formatos flexibles de "regionalismo abierto", que habiliten membresías y compromisos múltiples y cada vez más laxos entre los Estados partes de los diferentes proyectos integracionistas?

Como ha sido dicho, demasiadas preguntas difíciles para afirmaciones tajantes y seguras. De allí que, en especial desde cualquier visión panorámica que se intente sobre el curso político futuro de América Latina en general y de América del Sur en particular, el señalamiento de las preguntas y la presentación de hipótesis que se hagan cargo del peso de las exigencias de la coyuntura signada por la magnitud de la crisis internacional resulte un camino analítico más fecundo. En un artículo reciente, Luis Maira ensaya precisamente esa ruta de análisis tan justificada a nuestro juicio.[71]

En ese texto, que precisamente toma como título la pregunta crucial de *¿cómo afectará la crisis la integración regional?*, Maira termina su análisis manifestando su sorpresa por la "evaluación insuficiente" y por la "limitada comprensión" que las élites intelectuales y gobernantes sudamericanas han tenido frente a la magnitud y las consecuencias de la crisis global. De manera especial, en su análisis enfatiza en "la escasa repercusión que este hecho ha tenido en el examen y las propuestas de las fuerzas progresistas de la región". Luego de resaltar el rol muy gravitante que las usinas del pensamiento neoconservador tuvieron en el ascenso de las fuerzas políticas de derecha en las últimas décadas, Maira advierte que con el cambio de ciclo nada similar ha ocurrido en el campo adversario, lo que a su juicio reviste mucha importancia a la hora de sustentar el arraigo de "una etapa posneoconservadora en la región". Luego de citar la conocida opinión de Wallerstein en el sentido de que así como el gobierno de Bush coadyuvó al cambio político progresista en la América del Sur de la última década, el gobierno de Obama puede paradójicamente ser funcional al "momento de la venganza de la derecha", Maira advierte sobre que un eventual "efecto pendular" muy bien puede ser favorecido por esta ausencia de pensamiento estratégico de los gobiernos y partidos que han protagonizado el cambio político de los últimos años en el subcontinente.

---

[71] Maira, Luis (2009), "¿Cómo afectará la crisis la integración regional?", en *Nueva Sociedad,* núm. 224, Caracas, Venezuela, noviembre-diciembre de 2009, pp. 144-163.

La pregunta es –concluye Maira- si todavía estamos a tiempo de corregir las fallas de caracterización de la crisis y recuperar la iniciativa política, poniendo el énfasis en aquellas ideas fuerza que la mayoría de los balances académicos o políticos señala. Los consensos de la hora actual son muy desfavorables para las visiones de derecha y proclives al pensamiento conservador. Se reconoce ahora que hay una mayor necesidad de política y un mayor espacio para hacerla. Cabe esperar, también, un creciente interés por los asuntos públicos. Se vuelve a apreciar como insustituible el papel del Estado en materia de regulación y dirección de la sociedad. Se hace evidente la urgencia de un control eficaz en el funcionamiento de las corporaciones y [...] la participación ciudadana en las decisiones más cruciales de las políticas gubernamentales. Lo que no se advierte aún son los proyectos nacionales y estrategias de desarrollo que den capacidad de respuesta a las fuerzas progresistas de América del Sur.[72]

Las reflexiones de Maira vienen muy a cuento en torno al asunto de las posibilidades efectivas de un proceso exitoso de resignificación democrática en América del Sur que se dé en forma paralela al impacto de una crisis global como la actual. Con programas de mero pragmatismo, sin nuevas ideas sobre desarrollo o sin el coraje político de aplicarlas, más allá de su amplia diversidad, los nuevos gobiernos que han sido y son el principal sujeto del cambio político en curso en la región no aportarán en esa dirección. Más aun, corren el peligro de perder la oportunidad o, lo que tal vez sería más grave, de apostar en una dirección equivocada, contraria a los requerimientos de una profundización transformadora de signo genuinamente democrático.

---

[72] *Ibíd.*, p. 163.

Crisis, cambios políticos y nuevas ciudadanías en el continente. El "giro de época" y la "metamorfosis de la representación"

El impacto de la crisis global no hace más que confirmar que se vive en la región un verdadero "giro de época", y las formas de hacer política no han dejado de ser afectadas de manera radical. Por cierto que se trata de un fenómeno propio de la globalización y sus múltiples transformaciones, que no ha dejado región ni latitud del planeta ajena a la profundidad de los cambios en curso. Pero precisamente, la consideración de los impactos políticos de una crisis económica y financiera de proyección inocultablemente global invita a problematizar el concepto de globalización y sus alcances precisos en la región. Por ejemplo, Renato Ortiz, un estudioso brasileño sobre estos temas, ha planteado en muchos de sus trabajos la necesaria distinción entre la mundialización de la cultura y la globalización de la economía, al tiempo que ha referido en su concepción de "modernidad-mundo" una advertencia importante: este mundo de la globalización en donde explota la reivindicación de lo diverso, muchas veces no es un mundo plural, con todo lo que esto implica, sino que es un mundo diverso, con identidades fuertemente asimétricas. En tal sentido, la exigencia de discernir y no confundir diversidad con pluralismo supone una primera pista interesante, en especial para el tema central que nos ocupa.[73]

Martín Hopenhaym, por su parte, sociólogo chileno que ha transitado de modo renovador las intersecciones entre cultura, política y desarrollo, registra en muchos de sus últimos trabajos una multiplicidad de miradas posibles sobre el concepto de globalización. En esa dirección,

---

[73] Cfr. Ortiz, Renato (1996), *Otro territorio. Ensayos sobre el mundo contemporáneo,* Buenos Aires, Argentina, Universidad Nacional de Quilmas.

reseña distintas perspectivas: una "mirada crítica" que tiende a postular que la globalización destruye la integración social y regional; una "mirada apocalíptica", desde la que se observa la globalización como un "*big bang* de imágenes", con un mundo que se contrae y en el que "lo virtual explota"; una "mirada posmoderna", desde la que se reconocería el surgimiento de un "mercado de imágenes" y de un nuevo "modelo de *software* cultural" que modifica en forma radical la vida cotidiana; una "mirada tribalista", con un fuerte contexto de exclusión en el marco de identidades frágiles, fugaces y móviles, un "nuevo panteísmo moderno sin dioses pero con mil energías"; una "mirada culturalista", desde la que se celebraría –muchas veces con ingenuidad– un encuentro con el otro, con la intersección que se vuelve accesible de miríadas de culturas dispersas; y finalmente, otra mirada que podría sintetizarse en la visión de un "atrincheramiento reactivo", simulacro imposible pero que se vuelve atractivo para muchos. La tentación que supone ser seducidos por cada una de estas miradas tampoco ayuda a calificar los cambios políticos en curso en la región, en especial si cultivamos en exclusiva una de ellas o si caemos en el igualmente infértil camino del eclecticismo "ramplón".[74]

El argentino mexicano Néstor García Canclini, sociólogo y antropólogo de la cultura, cuyos textos de las últimas décadas han removido tanto la reflexión sobre estos asuntos, en algunos de sus trabajos cuestiona la equivalencia entre globalización y homogeneización. Advierte, sin embargo, que ciertas visiones ingenuas en torno al renovado multiculturalismo devienen a menudo en cohonestar nuevas "máquinas estratificantes", al punto que previene con igual

---

[74] Cfr. Hopenhaym, Martín (1994), *Ni apocalípticos ni integrados. Aventuras de la modernidad en América Latina,* Santiago, Chile, Fondo de Cultura Económica.

fuerza sobre los efectos de lo que llama una "homogeneización recesiva", que en América Latina promovería el intercambio cultural en el preciso momento en que los latinoamericanos producimos menos bienes culturales. Desde una invitación a pensar de modo diferente el desafío planteado, García Canclini nos previene acerca de ciertos cursos peligrosos: "Atrincherarse en el fundamentalismo", limitarnos a "exportar el melodrama", aceptar la "hibridación tranquilizadora" de "insertarse en la cultura ecualizada y resistir un poco". Este mismo autor, en uno de sus textos más celebrados, "Consumidores y ciudadanos. Conflictos multiculturales de la globalización", advierte además sobre una relación fuerte entre el "repliegue hogareño" y "el descenso de formas públicas de ciudadanía", dos fenómenos por cierto característicos de estos tiempos de globalización.[75]

Podrían agregarse otros autores y perspectivas analíticas, pero ello no haría otra cosa que confirmar y profundizar la premisa inicial que suponía la necesidad de una visión renovada y más crítica en torno a la globalización como fenómeno histórico y a sus múltiples impactos en América Latina y el Caribe. Reseñemos algunos de ellos como simples titulares de fenómenos que afectan profundamente el quehacer político, en especial el ejercicio de la ciudadanía y las formas de la representación política en la actualidad: la revolución mundial de las comunicaciones y de las tecnologías de la información; la emergencia consiguiente de un nuevo paradigma tecnoeconómico, con consecuencias impactantes en el plano de la organización social y en el de los derechos (desaparición de la clase obrera tradicional, crecimiento exponencial del

---

[75]   Además del texto ya citado, ver del mismo autor su obra ya clásica, *Culturas híbridas. Estrategias para entrar y salir de la modernidad*, Buenos Aires, Argentina, Sudamericana, 1992.

sector servicios, disminución fuerte de la población que trabaja en agricultura, reformulación radical de los mapas de empresas y mercados; etc.); emergencia de un nuevo tipo de "sociedad red" (como señala, entre otros, Manuel Castells), con fórmulas alternativas de vínculos y diferenciación; modificaciones en el campo de lo que concebimos como acción social o iniciativas públicas, muy unidas con la emergencia de nuevas fronteras entre lo público y lo privado; fuertes modificaciones en el plano de la llamada "nueva subjetividad" y en el plano de la vida cotidiana, con procesos de la envergadura de una resignificación profunda de la definición del género, una reestructuración radical de la familia, una relación diferente con el lugar del trabajo en el nuevo capitalismo; el "retorno de Dios" (o la "revancha de Dios", como dice más explícitamente el siempre polémico Samuel Huntington), impregnando las áreas más diversas de la vida personal o colectiva; entre otros muchos fenómenos que podrían citarse.

Todos estos fenómenos y procesos por cierto tienen un fuerte impacto en torno a las formas de cómo se concibe y practica actualmente la vida política en la mayoría de los países sudamericanos. Incluso en aquellos en que las reivindicaciones ancestrales y los movimientos indígenas han sido principales protagonistas de los cambios políticos de la última década, estas visiones y significaciones diversas de la globalización se encuentran presentes, traducidas de maneras diversas y con efectos a veces ampliados en un contexto de crisis.

En este marco, si hay un fenómeno resaltable dentro de un cuadro de cambios amplios es el que ha dado en llamarse por algunos autores como "Manin", y por otros como el de la "metamorfosis de la representación". Aquellos principios fundacionales del concepto (elegibilidad de los gobernantes por los gobernantes, mantenimiento de márgenes de maniobra entre el representante en relación con el representado, el espacio central de la deliberación como central en la construcción de las decisiones colectivas, etc.) no es que desaparezcan, pero deben resignificar muchos de sus contenidos y procedimientos ante transformaciones emergentes y vertiginosas (como la de la erosión de las esferas públicas tradicionales, la pluralización y complejización de las formas de acción ciudadana, el surgimiento de conceptos como los de "ciudadanía facultativa" o "secundaria", el reconocimiento más efectivo de la fuerte resistencia de las formas comunitarias ancestrales en sociedades pluriétnicas, las dificultades tan crecientes como visibles para representar el conflicto y los actores propios de las nuevas sociedades, al estilo de los "grupos intensos", los "no organizados", las generaciones distanciadas por intervalos psicológicos inéditos, etc.). Esta "metamorfosis de la representación" altera sin duda muchos de los cimientos de la vida democrática y de sus instituciones, provoca el territorio abonado para los llamados "procesos de reacción antipolítica" y el distanciamiento crítico de los ciudadanos frente a instituciones claves para las formas tradicionales de la representación, como son los partidos políticos o el parlamento. También abre –y esto resulta particularmente visible en muchos sistemas políticos latinoamericanos y sudamericanos– muchos espacios y posibilidades para el arraigo de nuevas formas políticas, sustento de ciudadanías y democracias "diferentes".

En esta misma dirección, en el plano más teórico correspondería revisar nuestras categorías en torno al papel de la política democrática y de sus instituciones en relación con los nuevos desafíos de la construcción de nueva ciudadanía, la resignificación efectiva de vías idóneas para la representación y la participación política en los nuevos contextos, la consolidación de integración social y pluriétnica, la renovación del sustento del desarrollo. Todo este ambicioso programa teórico, por ejemplo, nos refiere a repensar el tópico de las identidades sociales, políticas y hasta étnicas lejos de cualquier esencialismo, pero también haciéndonos cargo de las profundas transformaciones ocurridas en los últimos años y que tampoco estaban en la agenda de las visiones constructivistas más modernas. El espacio disponible no nos permite más que reseñar algunos titulares o temas relacionados con esta materia. Emergen en el subcontinente sudamericano nuevas formas de identificación social y política mucho más efímeras, más intercambiables, más móviles y hechas a la medida (*"pret a porter"*), hasta *"lights"*. Varían también nuestras prácticas y nociones de espacio público, en relación además con mutaciones muy radicales de nuestra vida cotidiana. Por ejemplo, vivimos una reformulación muy radical de nuestra relación con el tiempo, esa coexistencia difícil de "múltiples relojes" que es un hecho cultural fortísimo (con consecuencias políticas de gran relevancia que a menudo pasan desapercibidas) y que afecta las fronteras de inclusión y exclusión en nuestras sociedades, con sus múltiples ritmos. Y además vivimos en sociedades donde ha cambiado la valoración social del tiempo: antes, quien estaba del lado de los incluidos tenía todo el tiempo para perder, buscaba el ocio; hoy, quien está del lado de los incluidos, no tiene un minuto para perder, y toda la tecnología que compra la orienta para sobreactivar su energía. Muy otro es en cambio ese tiempo viscoso de los excluidos, para quienes un *e-mail,* un correo rápido, un teléfono celular terminan constituyendo una metáfora perversa. Esta nueva "cultura de lo instantáneo", como la ha definido Michael Ignatieff, propone una temporalidad muy distinta para la integración política y el desarrollo social. Y vaya que la intersección a menudo conflictiva de distintas temporalidades es un asunto político de primer nivel en la agenda de las democracias y ciudadanías sudamericanas contemporáneas.

También en América del Sur se ha erosionado profundamente la noción de lo público en el marco de la emergencia y consolidación de "sociedades de la desconfianza". Como estudiara hace ya varios años el inolvidable Norbert Lechner,[76] se han debilitado los contextos habituales de confianza, lo que promueve un incremento fuerte de nuestros miedos. La escuela, la empresa, el barrio, el partido político, el sindicato, la nación, y tantos otros espacios gregarios que aportaban confianza y sentido religante se han erosionado. Esa "fragilidad del nosotros" y su consiguiente afectación del vínculo social, siguiendo también a Lechner, provocan en franjas importantes de las poblaciones un repliegue ciudadano a la vida privada y a la familia, con el hogar transformado en una fortaleza sitiada y sobrecargada. La crisis de la familia nuclear no ha sido acompañada por cambios correspondientes en el diseño de las políticas de ciudadanía y representación, tampoco por cierto en el plano de las políticas sociales o para la familia.

En el marco de estos nuevos contextos, obviamente ya no se puede pensar la ciudadanía y la representación política como soportes de la integración social y el desarrollo desde los viejos conceptos que hasta hace poco tiempo nos ayudaban a vivir, mucho más ante el reto de sociedades en que la "desincorporación" de fuertes sectores ha alterado de manera muy fuerte sus niveles de "cohesión social". Sin retóricas ni visiones ingenuas, mucho más con el telón de fondo de los procesos de cambio de los últimos años y del impacto de la crisis actual, se debe asumir con radicalidad este desafío de renovación teórica, porque en caso contrario se corre el riesgo de impulsar políticas supuestamente igualitarias que lo único que generan son nuevos circuitos de exclusión. Nunca como hoy, por ejemplo, las políticas

---

[76]   Lechner, Norbert (1998), "Nuestros miedos", en *Estudios Sociales*, núm. 15, Santa Fe, Argentina, pp. 149-162.

culturales deben pensarse en tanto políticas sociales, al tiempo que también nunca resultó tan necesario el atender debidamente las bases culturales de cualquier desarrollo consistente y sostenido en América del Sur. Si se sigue con atención lo medular de las agendas políticas de la mayoría de los países del subcontinente, se advertirá que lo que se ha venido poniendo en discusión refiere cada vez más a temas de civilización, a formas de vivir, a los marcos más profundos de la vida individual y comunitaria. El impacto de la crisis global no hace más que amplificar la visibilidad de muchos de estos procesos. En puridad, el cambio político de la última década expresa en más de un sentido la visibilización y el estallido de muchas "revoluciones silenciosas" que fueron madurando en el pasado reciente.

Advirtamos también que construir política hoy, en el marco de sociedades en donde el Estado ya no puede lo que antes podía, implica evitar atajos perezosos, atajos simplistas. Aquí el tema, el gran tema, vuelve a ser qué Estado y qué instituciones públicas se quiere y se necesita. En esa perspectiva los asuntos se acumulan: cómo construir una política que no sea "estadocéntrica" pero que sostenga alternativas públicas consistentes frente a la eventualidad de un imperio incontestado de las lógicas del mercado; qué modelo de relación entre las instituciones políticas y la sociedad civil resulta el más fecundo para renovar las vías de comunicación, representación y participación en contextos tan cambiantes y azarosos; cómo se contribuye de la mejor manera a la construcción de espacios públicos no estatales y de instancias efectivas que corporicen la noción de "comunidades de ciudadanos"; cómo se transforma la vieja idea de estatalización rígida de lo público que tantas veces nos impidió pensar de manera más libre la política, la sociedad y la cultura, en suma, los vínculos ciudadanos más intensos.

La encrucijada institucional en América del Sur

Desde hace años venimos insistiendo acerca de que no son pocos en verdad los factores que convergen a la hora de calificar de *encrucijada institucional* el proceso histórico que atraviesan los sistemas políticos latinoamericanos. Pasada la hora de la euforia triunfalista de la ola democratizadora que sucedió a las dictaduras de la "seguridad nacional", y de cara a los desafíos de muchos procesos de cambio político que han suscitado y aun provocan en algunos casos expectativas acrecidas (a menudo desmesuradas) en el seno de las sociedades del continente, a partir de la nueva interpelación abierta por el impacto de la crisis actual en la región, llega la hora de análisis más ponderados, que se hagan cargo -entre otras cosas- de indagar a propósito de este momento de auténtica reconstrucción institucional de nuestras democracias, con su amplio espectro de dilemas y debates en torno a nuevos campos de convicciones y valores que hacen a nuestra convivencia cívica. Los dramáticos sucesos ocurridos en muchos países latinoamericanos en los últimos años, la alarmante inestabilidad vivida en otros procesos, la persistencia de contextos de crisis social en vastas zonas del continente, las previsibles consecuencias políticas de la crisis global, etc., constituyen factores que coadyuvan a reafirmar los alcances de nuestro diagnóstico de entrada.

Muchos analistas de la política latinoamericana vienen coincidiendo en los últimos años -aunque desde distintas perspectivas- en este punto de partida. Norbert Lechner, por ejemplo, destacaba hace ya algunos años la compleja simultaneidad que se dio en América Latina entre los procesos de modernización económica (reformas liberales y adaptación a la globalización) y de democratización política (en sus dimensiones de configuración de legitimidad y conducción), procesos que discurrieron de modo paralelo pero con racionalidades diferentes, lo que dificultó y en algunos casos impidió su compatibilización efectiva. Guillermo O'Donnell, por su parte, ha enfatizado acerca de los peligros del avance del decisionismo (principalmente dentro de los formatos hiperpresidencialistas y personalistas que siguen en boga en la región) y de los procesos de *reacción antipolítica*, que cimentarían en el continente la expansión de "democracias delegativas" de incierto e inquietante futuro. A su vez, Marcelo Cavarozzi ha planteado la paradoja entre una orientación general en la región de estabilización democrática con deslegitimación de alternativas militaristas por un lado, junto con un proceso tendencial de pérdida de sentido de lo que efectivamente hace o puede hacer la política en nuestras sociedades, en el marco del deterioro visible de toda una concepción que él ha llamado "política estadocéntrica".

Las últimas dos décadas han resultado muy pródigas en contrastes en todo el continente: en los años 1980 y 1990, al tiempo que caían las dictaduras militares y se producían en varios países experiencias importantes en la perspectiva de una reinstitucionalización democrática, luego de una fase de crecimiento y de transformaciones comenzó a generarse nuevamente una profunda crisis económica y social en la región, con consecuencias muchas veces devastadoras para los partidos gobernantes y aun para el funcionamiento de los sistemas partidarios y políticos en su conjunto. A ello se sumó un aceleramiento de vértigo en las transformaciones en la escena mundial, con efectos por lo general no directamente beneficiosos para los intereses de los países del continente. La refundación democrática en América Latina se desplegaba así a comienzos del siglo XXI en un contexto nutrido de dificultades y desafíos, muchos de los cuales readquieren proyección con la crisis actual y su impacto en la región. Todos estos fenómenos asociados al pasado reciente y a la coyuntura actual de América Latina vuelven a poner en el centro del debate lo que entendemos como la necesidad de atender de manera radical los requerimientos de una reinvención de la ciudadanía y de la política en general.

En los últimos años y a contramano del optimismo y de las expectativas generadas por el crecimiento económico y el advenimiento de un giro político novedoso en el continente, se han multiplicado algunas señales preocupantes sobre la "salud" de varios sistemas políticos latinoamericanos, que también se han traducido luego en bloqueos para la acción efectivamente transformadora de distintos gobiernos. Repasemos, a título de inventario indicativo y nada exhaustivo, algunas de esas señales más visibles: han ascendido a cargos de gobierno o a posiciones de expectabilidad política ante la opinión pública figuras sin experiencia política anterior, asociadas con frecuencia a mensajes mesiánicos o providencialistas; los partidos han perdido arraigo y se ven cada vez más desafiados en sus clásicas funciones de representación e intermediación social y política; en algunos casos se desgastan los arbitrajes electorales, mientras que en otros se despliegan formatos de "democracia plebiscitaria" con una sobreabundancia de actos electorales con lógicas crecientes de polarización; varios de los nuevos gobernantes buscan "saltearse" los caminos institucionales para así entablar relaciones más directas y "fluidas" con la opinión pública, confundiendo a esta con la ciudadanía, en el marco de la llamada "sondeodependencia"; los ciudadanos alternan la apatía con una alta volatilidad de opinión, aumentando los vaivenes en el valor otorgado al papel de las instituciones más tradicionales; las nuevas exigencias y demandas para la producción de políticas generales no encuentran respuestas adecuadas desde los partidos y el Estado; persisten fenómenos de corrupción, incluso en gobiernos liderados por fuerzas "progresistas" emergentes, lo que hiere en forma profunda las esperanzas populares, ansiosas de instituciones transparentes y de funcionarios honestos a cabalidad; se perfila una increíble escalada armamentista en Sudamérica, con el telón de fondo de "fronteras calientes" y conflictos bilaterales no fácilmente negociables;[77] entre otros muchos similares.

Aunque cabe advertir desde ya que la profundidad de los fenómenos señalados no es igual en toda América Latina y que también podrían reseñarse procesos de signo más auspicioso, sobreviven procesos efectivos de "reacción antipolítica", con una creciente popularidad en la opinión pública y aun en los círculos de las dirigencias políticas de varios países del continente. Esto último surge con mucha nitidez observando con cierta atención las estrategias desplegadas por algunas de las figuras "exitosas" de la política latinoamericana de años atrás: el "hacer política en contra de la política" (o como diría Bourdieu, "la política de la antipolítica"), comienza a ser un rasgo característico de ese nuevo tipo de políticos, generalmente provenientes de los medios de comunicación, de circuitos religiosos o de las propias Fuerzas Armadas, algunos de ellos con trayectorias precedentes que relativizan la hondura de su novedad. En contrapartida, también se producen procesos transformadores liderados por figuras que expresan de distintas formas –en casi todos los casos en formatos muy personalizados– los anhelos de sectores tradicionalmente marginados de los campos de decisión, al frente de coaliciones o de partidos de nuevo cuño, bajo el impulso de renovadas formas de movilización popular. En medio de la fragmentación y de las asimetrías que el impacto de la crisis

---

[77]   Adviértase la escalada de conflictos bilaterales y fronterizos que en los últimos tiempos se han desatado o han despertado en América Latina y el Caribe y en especial en el territorio sudamericano y se podrá ponderar la relevancia efectiva de este tema.

contribuye a amplificar, el contraste histórico de procesos tan antitéticos alcanza un especial relieve.

En nuestra perspectiva de análisis, lo que evidencian todos estos procesos –entre otras cosas– es un contexto de cambio y modificación profunda de la matriz tradicional del "hacer política", en cuyo centro se destacan los problemas de la redefinición del concepto de democracia, las nuevas dimensiones generales de la "ciudadanía", de la "comunidad" y de la "productividad política", de la mano de un pleito renovado en torno a la especialidad del rol de los partidos políticos, de los movimientos sociales y, de manera muy particular, de las intersecciones entre el Estado, el mercado y las "formas" comunitarias. El estudio profundo de estos temas (y del amplio espectro de cuestiones que cada uno de ellos involucra) amerita y aun exige abordajes de índole diversa: desde profundizaciones teóricas hasta investigaciones de política comparada, pasando por indagatorias más generales (diseñadas por tema o por región) o por análisis de casos que contribuyan a identificar referencias más concretas para interpelar las problemáticas o alternativas globales a ser analizadas.

Las derivas de la opinión pública latinoamericana

Ciudadanos e instituciones, confiabilidad y representación política: algunos perfiles a partir de los datos de la secuencia 1996-2008 del Latinobarómetro

Si como tantas veces se ha dicho, no debe confundirse "opinión pública" con "ciudadanía", la evolución más volátil de la primera a lo largo de un periodo de tiempo considerable puede derivar en la gradual cristalización de visiones que, de un modo u otro, terminan encarnando en ese nivel más profundo de las ideas y prácticas predominantes en el comportamiento de los ciudadanos. En el contexto contemporáneo de América Latina, en sus *sociedades de la desconfianza* y en sus *ciudadanías del miedo*, el registro de la evolución en el tiempo de variables como la adhesión a los valores y prácticas de la democracia o el de la confiabilidad otorgada a las principales instituciones públicas y privadas, entre otras, se vuelven indicadores relevantes.

También importa sobremanera registrar las primeras señales efectivas de la crisis económica internacional en los giros de la opinión pública del continente. Para ello hemos decidido separar por un lado el análisis de la evolución de algunos indicadores del Latinobarómetro durante el periodo 1996-2008, de los registros emanados del Informe correspondiente al año 2009, en el que por primera vez de manera específica se pueden medir algunos efectos del impacto de la crisis.

En la evolución que presentan las mediciones del Latinobarómetro[78] para el periodo 1996-2008 abundan constataciones significativas sobre muchos temas importantes en la perspectiva señalada. En lo que tiene que ver con diversos indicadores que refieren a la actitud predominante de los latinoamericanos en torno a los *valores y prácticas asociadas a la vigencia de la democracia,* pueden observarse algunas tendencias preocupantes. Durante ese periodo bajó promedialmente el grado de adhesión y apoyo al sistema democrático en la región (un 4% menos en 2008 que en 1996). Descendió también la calidad en la evaluación de sus desempeños. De acuerdo con las mediciones del Informe 2008, la percepción dominante entre los latinoamericanos (70%) era la de que "se gobierna no para la mayoría sino para los intereses de unos pocos". Si bien

---

[78]   Cfr. Corporación Latinobarómetro (2008), *Informe Latinobarómetro 2008,* Santiago, Chile, Corporación Latinobarómetro. Disponible en línea: www.latinobarómetro.org

persistían en el continente valoraciones y actitudes positivas hacia la democracia como el mejor sistema político, también decrecían los porcentajes y adquirían magnitudes de apoyo relativamente altas ciertas versiones de la sabiduría convencional que resultan muy criticables desde un punto de vista más consistentemente democrático.

En segundo término, las mediciones del Latinobarómetro 1996-2008 revelaban la persistencia de una erosión preocupante de las críticas a las formas políticas autoritarias y aun dictatoriales, en contraposición con un desencanto más o menos instalado respecto a las valoraciones sobre la democracia. La *relación democracia vs. autoritarismo-militarismo* arrojaba una evolución sorprendente, en especial si se tienen en cuenta las valoraciones que proyectaban estas comparaciones a la salida de las dictaduras de la seguridad nacional (cotejo sin duda bastante improcedente desde el punto de vista teórico y argumental). Un 53% de los encuestados manifestaba en 2008 que no le importaría el carácter "no democrático" de un gobierno si éste resolvía los problemas económicos. Este guarismo debía conceptuarse como grave habida cuenta de que se producía luego de un lustro de continuo y fuerte crecimiento económico, con mejoría general de indicadores sociales y bajo el liderazgo de regímenes democráticos. De todos modos, en el continente permanecían, de acuerdo con el Latinobarómetro 2008, otras hipótesis de tolerancia respecto a gobiernos autoritarios y aun militaristas; las sociedades se mostraban más proclives a defender los valores de la seguridad y del orden sobre los de la libertad (tensión histórica que aparece desbalanceada en el continente ante los cuadros de inseguridad y violencia desatados en los últimos tiempos).

Los *grados de satisfacción o insatisfacción en relación con el funcionamiento de las instituciones* revelaban también contrastes significativos. Un 57% de los encuestados acompañaba la aseveración de que "no puede haber democracia sin Congreso nacional", al tiempo que un 32% manifestaba confianza en la acción del Parlamento, 5% más que en 1996 pero sobre todo 15% más que en el 2003, cuando se registró el mínimo histórico del periodo (17%). Sin embargo, si bien un 56% se manifestaba de acuerdo con la idea que "no puede haber democracia sin partidos", sólo un 30% evaluaba positivamente su trabajo y apenas un 21% expresaba confianza en ellos, apenas un 1% más que en 1996 pero también casi el doble del 2003, año que en el marco de la última crisis y de la recesión se llegó al mínimo de confianza en el periodo (11%).

En lo que refiere a la *intención o propensión a votar*, es de destacar que no se detectaban en el Informe 2008 descensos o variaciones preocupantes en cuanto a la expectativa que generan las elecciones en tanto instancia de cambio en el rumbo de los gobiernos y de sus políticas públicas. Si bien el 59% de los encuestados coincidía en que "lo más efectivo para cambiar las cosas es votar", la población se dividía por mitades en la respuesta sobre si votaría por un partido o no. De todos modos, la participación política por la vía de los partidos y las elecciones superaba muy claramente al reducido porcentaje de los encuestados (16%), que señalaba que "lo más efectivo para cambiar las cosas es participar en movimientos de protesta".

La pregunta acerca de cuánto podría impactar la crisis (ya vista como inminente en sus impactos sobre el continente en el 2008) en las evaluaciones de los latinoamericanos sobre la política en general y sobre la visión acerca de la democracia en particular, constituyó uno de los centros de análisis de la "sinóptica política" contenida en el Informe 2008 y cuya autoría perteneció a Daniel Zovatto, miembro del Consejo Asesor Internacional del Latinobarómetro.[79] A

---

[79] *Ibíd.*, pp. 69 y ss.

partir del señalamiento sobre la densidad del ciclo electoral 2009-2011 (durante el que se celebrarán catorce elecciones presidenciales en países de la región), Zovatto anticipaba que a diferencia del anterior "rally" electoral del bienio 2005-2006 (del que emergió una buena parte de los nuevos gobiernos de signo progresista en la región), sobre el próximo bienio habría de pesar a su juicio "un contexto económico adverso en el cual las presiones sociales serán mucho mayores". Luego de proponer que en la agenda de este nutrido cúmulo de contiendas electorales algunos de los principales temas dominantes serían "el papel del Estado y su relación con el mercado", "la delincuencia" y "la juventud", resaltaba tres preguntas a las que consideraba fundamentales en el desenlace de la nueva coyuntura: "¿Cómo se comportarán los llamados gobiernos populistas de la región? ¿Aumentarán los problemas de gobernabilidad y de inestabilidad política? ¿Cuál será la tendencia dominante del nuevo mapa político de América Latina?"[80]

Con la pauta comparativa del impacto de crisis anteriores, pero advirtiendo el carácter incierto y en muchos aspectos inédito de la nueva crisis global, Zovatto problematizaba en más de una parte de su texto la relación entre las crisis económicas y la democracia. Si bien advertía que había venido aumentando de manera sostenida en el continente el interés y la participación políticas, que se evidenciaba también en un incremento en "la actitud positiva hacia la política", y que el Informe 2008 del Latinobarómetro mostraba "cómo América Latina está movilizada como nunca antes", se mostraba cauteloso a la hora de proponer escenarios probables para los años siguientes: "¿Acaso –se preguntaba en una parte del Informe– la nueva crisis que está en curso producirá otro desencanto con las instituciones o se trata de cambios que permanecerán?

---

[80]   *Ibíd.*, p. 73.

La diferencia con el periodo de la crisis asiática es que ahora hay gobiernos de alternancia en el poder que han sido elegidos por mayorías contundentes, presidentes que han sido reelectos por su buena gestión, y altos niveles de aprobación de gobierno en muchos países."[81]

Con el telón de fondo de las primeras señales acerca del impacto de la crisis en la región latinoamericana, el análisis de los registros del Informe 2008 y el seguimiento de algunas de las principales tendencias verificadas en el periodo 1996-2008, proponían una agenda bien sugerente, en especial de cara al despliegue de los procesos que emergerían en el 2009. Al registro continuado en el periodo 1996-2008 de ciertas mediciones preocupantes en relación con tópicos cruciales como la actitud ante valores y prácticas democráticas, su cotejo ante pautas de signo autoritario, los grados de confianza y satisfacción frente al funcionamiento efectivo de las instituciones, el Informe 2008 del Latinobarómetro anticipaba varios aspectos en torno a la problemática de la intersección entre crisis económica y consolidación democrática. De cara a la inminencia del "rally electoral" 2009-2011 y ante la evidencia de que la crisis no pasaría de largo en la región pero tampoco tendría los efectos devastadores de otras veces, se dejaba planteada una agenda de temas y preguntas en verdad sugerentes.

Algunas reflexiones iniciales a partir del Informe 2009 del Latinobarómetro

Las expectativas generadas por el Informe del año anterior no fueron defraudadas en diciembre de 2009. Los registros y mediciones obtenidos presentaron en efecto algunos ejes de reflexión muy alentadores. Ya los subtítulos que acompañaron la carátula del Informe se encargaron de

---

[81] *Ibíd.*, p. 88.

marcar un rumbo preciso para el análisis: "Informe 2009. La democracia se afianza en tiempos de crisis. La percepción de progreso aumenta a pesar del golpe de Estado en Honduras, el virus AH1N1 y la crisis económica. América Latina aprecia más sus instituciones, sus presidentes, el mercado y está más satisfecha con su democracia. ¿La democracia está madura?"[82] La pregunta final, como se advertirá, no era nada retórica y apuntaba a uno de los matices más sustantivos de las mediciones presentadas y de su primer análisis.

El Informe tomaba como temas centrales de su indagatoria sobre los giros de la opinión pública latinoamericana en el último año el golpe de Estado en Honduras, las amenazas sobre la estabilidad de la democracia y el registro de indicadores varios en torno a la misma, el impacto de la crisis mundial en lo político-electoral y en lo económico-social, entre otros. En la introducción se adelantaban algunas conclusiones generales que perfilaba el Informe en su conjunto:

> Las democracias latinoamericanas muestran crisis de representación, en primer lugar a través del hiperpresidencialismo, la fiebre reeleccionista y el desmedro de la confianza en las instituciones, así como la atomización del sistema de partidos en tantos países. [...] La Democracia en América Latina no sufre con la crisis económica como se había esperado. Veremos en este informe cómo los resultados de la crisis son positivos para la democracia, paradojalmente a pesar de los problemas de "la política". La actual crisis no es la crisis asiática que encontró a la región pobre y desprevenida. Esta crisis pilla a la región después de 5 años de crecimiento sin precedente, y con una ola de elecciones que había elegido a los gobernantes más populares de los

---

[82]   Cfr. Corporación Latinobarómetro (2009), *Informe Latinobarómetro 2009*, Santiago, Chile, Corporación Latinobarómetro. Disponible en línea: www.latinbarómetro.org

últimos 30 años. Nunca tantos habían estado tan satisfechos con sus gobiernos como en los años 2006, 2007 y 2008. Con todo, la democracia no se consolida porque [...] hay reformas pendientes que no se pueden obviar. Las reformas emprendidas por países como Bolivia, muestran que se avanza en la percepción de democratización cuando las estructuras de la sociedad sufren modificaciones sustantivas que permiten el acceso a las oportunidades, la movilidad social, la igualdad ante la ley. [...] En resumen, a pesar del golpe (de Estado en Honduras) y a pesar de la crisis, América Latina es más democrática después de la crisis 2009, es más tolerante, es más feliz. Sólo resultados positivos de un año en el cual no hay ningún motivo para celebrar. Las reformas que han tenido lugar en la región están empezando a mostrar sus frutos, ya que sin duda este fortalecimiento de la democracia a pesar de la crisis es un síntoma positivo. [83]

En cuanto a las mediciones presentadas por el Informe 2009, algunas de las más importantes tuvieron que ver con el impacto del golpe de Estado en Honduras. Sobre ese particular, los principales registros fueron los siguientes: I) apenas un 24% de los latinoamericanos se mostró de acuerdo con el golpe, promedio dentro de un rango de opiniones en el que solamente República Dominicana evidenció un nivel alto de aprobación (un 44%), mientras que el resto (incluido Honduras) no superó un tercio de aceptación y en Argentina y Uruguay sólo un 9% de la población consultada lo aprobó; II) un 62% de los habitantes de la región desestimó la probabilidad de un golpe de Estado en sus propios países; III) aumentó a un 65% el conjunto de aquellos que expresaron que bajo ninguna circunstancia apoyarían a un gobierno militar; IV) de todos modos, hubo porcentajes minoritarios pero considerables de expresiones de apoyo a actitudes claramente autoritarias (como acordar que "los militares remuevan al presidente

---

[83]   *Ibíd.*, pp. 4-5.

si viola la constitución" o que "cuando hay situación difícil está bien pasar por encima de las leyes").

En sus conclusiones sobre este punto, el Informe registraba el concepto de "Neo Democracias", adjudicándoselas a aquellos gobiernos latinoamericanos que a su juicio evidenciaban "grados de autoritarismo".

> La amenaza autoritaria –se señalaba en un fragmento del Informe– tiene dos versiones, por una parte están los golpes de Estado, como el caso de Honduras, pero por otra están lo que podríamos llamar "las Neo Democracias", que avanzan lentamente hacia crecientes grados de autoritarismo. Estas se siguen llamando democracias, pero han derivado en un tipo híbrido de régimen político. Tal es el caso de Venezuela, donde importantes elementos de las democracias no están del todo presentes. [...] Las actitudes hacia la democracia en América Latina están inundadas de confusiones autoritarias, donde los ciudadanos combinan cosas que no se pueden combinar si se es democrático. No se puede rechazar a un gobierno militar a todo evento para dar la sensación de que se es democrático y sustituirlo por el poder total del presidente. ¿El autoritarismo presidencial es una forma de Neo Democracia, donde a los presidentes se les otorga el poder total, como sustitutos del sistema democrático?[84]

En el registro de las mediciones acerca de distintos tópicos vinculados con la situación de la democracia en América Latina, el Informe presenta en la mayoría de los casos indicadores mayoritariamente favorables, aun cuando persiste la interpelación acerca de la densidad y coherencia de lo que los encuestados entienden por democracia. En ese sentido, el 59% manifiesta su apoyo explícito a la democracia ("la democracia es preferible a cualquiera otra forma de gobierno"), mientras que un 76% lo hace "por descarte-implícito" ("la democracia puede tener problemas,

---

[84]   *Ibíd.*, pp. 10 y 15.

pero es el mejor sistema de gobierno".[85] Por otra parte, un 54% de los encuestados acuerda con la aseveración de que "los gobiernos democráticos están más preparados para enfrentar una crisis económica",[86] un 46% prefiere la democracia al "desarrollo sin democracia",[87] mientras continúa aumentando la manifestación de satisfacción con la democracia alcanzándose un 44% (con un sorprendente aumento de 7% respecto al año anterior).[88]

Frente a estos y otros indicadores mayormente favorables, se presentan otros registros preocupantes. Estos surgen en particular cuando al entrevistado se le pregunta en concreto sobre su acuerdo específico acerca de afirmaciones que hacen a principios democráticos más clásicos (como los ya señalados de necesidad de partidos políticos, apoyo al parlamento, rechazo a los gobiernos autoritarios, libertad de expresión, realización de elecciones, etc.), mientras que los porcentajes aumentan de modo exponencial si se le pregunta acerca de su postura genérica en torno a "la democracia".

> Si se usa un indicador compuesto, donde se incluye la necesidad de partidos políticos, Parlamento, rechazo a los gobiernos autoritarios, apoyo a la democracia por encima de los otros tipos de régimen, la cantidad de personas que adhieren a la democracia no alcanza los dos dígitos en América Latina. Si se incluyen en el índice las elecciones, la libertad de expresión, aumentan los porcentajes. Si se buscan categorías más híbridas donde las personas tienen algunas actitudes correctas y otras incorrectas, se puede alcanzar hasta el 40% de la población. Por último, es desalentador saber que alrededor de un 40 a un 45% de la población de la región no logra tener actitudes democráticas en más de dos aspectos como los arriba definidos. [...] Si por el contrario no es el investigador el que "define" lo que tiene que

---

[85]   *Ibíd.*, p. 22.
[86]   *Íbíd.*, p. 23.
[87]   *Ibíd.*, p. 29.
[88]   *Ibíd.*, p. 36.

ser democracia sino la gente con sus respuestas, entonces aumenta considerablemente la cantidad de demócratas.[89]

En lo que se refiere a los impactos de la crisis en la opinión pública y sus valoraciones en torno a la política y la democracia, el Informe también registra elementos importantes. A diferencia de lo ocurrido en el 2001, cuando la región se vio afectada por la crisis asiática y ello provocó una baja sensible en los índices de adhesión a la democracia y otros registros conexos, los datos del Informe 2009 no confirman esa correspondencia ni permiten registrar un impacto negativo como consecuencia del primer despliegue de la crisis.

> Lo cierto es –según señala el Informe– que el apoyo a la democracia supera en el año 2009 lo obtenido en el año 2006 (58%), alcanzando un 59%. El año 2006 fue el punto más alto de crecimiento económico que América Latina ha tenido en los últimos 40 años. En efecto, el apoyo a la democracia que baja a 54% en el año 2007, viene subiendo desde entonces a 57% en el 2008 para llegar al 59% en el año 2009. Es decir, el apoyo aumenta más en el año de decrecimiento económico, negándose la hipótesis de que el vaivén de la economía tiene impacto sobre el apoyo a la democracia. [...] Los latinoamericanos muestran con sus respuestas que el año 2008 fue menos bueno que el año 2009, al mismo tiempo que acusan la crisis denostando los problemas económicos

---

[89]   *Ibíd.*, pp. 16-17. En el Informe se reconocen los problemas teóricos que las ciencias sociales siempre han tenido para una definición consensuada de democracia. A partir de este reconocimiento y de sus fuertes implicaciones en las distintas mediciones, se señala que "los ciudadanos de los países gobernados por la izquierda califican mejor esa democracia (medida en una autoidentificación en una escala de 1 a 10) que los ciudadanos no gobernados por la izquierda." Ante este registro, los autores del Informe concluían: "Si lo que cada cual está comprendiendo por democracia está contaminado por la ideología y depende de la orientación del gobernante, entonces no es el funcionamiento de las instituciones lo que cuenta, ni los procedimientos o las normas, sino más bien la posición de los gobernantes." (p. 16).

y las desigualdades. No se trata entonces de una miopía o de una ilusión, sino más bien de consideración de otros aspectos en la evaluación del tipo de régimen.[90]

Este marco de análisis aparece ratificado en otras mediciones: la afirmación acerca de que "en general el sistema económico funciona bien" en una democracia aumenta su nivel de acuerdo de un 50% en el 2003 a un 62% en el 2009; en los únicos dos países sudamericanos en los que creció el PIB en el 2009, Perú y Uruguay, se verifican sin embargo las posiciones más contrastantes en cuanto al porcentaje de satisfacción con la democracia, 22 y 79% respectivamente. En otro pasaje del Informe, los analistas infieren:

> Los Presidentes son los grandes ganadores de esta crisis, ya que no sólo aumenta su valoración política como gobernantes, sino que también logran mejorar la percepción de la democracia en sus países. Esta crisis produce, por el contrario de lo esperado, efectos políticos positivos sobre el régimen democrático y los gobiernos. [...] No se produce alternancia de la izquierda a la derecha o viceversa por motivos económicos de la crisis como se suponía en un principio que podía suceder. Muy por el contrario, los cambios en los gobiernos no han sido por esa causa, sino por otras que tienen que ver con la situación (política más que económica) interna de cada país.[91]

En su análisis específico titulado "Sinóptica política-electoral: la ola de elecciones 2009-2011", inserto en el Informe, Daniel Zovatto, al igual que en el Informe del año anterior, explora acerca de las posibles consecuencias del impacto de la crisis en los resultados del calendario electoral del bienio. Algunas de las principales tendencias que registra son las siguientes: reafirma su convicción sobre que el "giro a la izquierda" en la región es más "supuesto"

---

[90]   *Ibíd.*, p. 18.
[91]   *Ibíd.*, p. 83.

que real; destaca que los impactos político electorales de la crisis no resultan homogéneos ni muchas veces previsibles; no advierte "la posibilidad de una reconfiguración radical del escenario político de la región", ya que si bien "las crisis económicas [...] benefician a la oposición, el gobierno puede mantenerse en el poder cuando tiene la habilidad y los recursos (sobre todo para llevar a cabo políticas anti-cíclicas) y transformar la crisis económica en oportunidad política"; finalmente, destaca al reeleccionismo como la "tendencia que viene cobrando cada vez mayor fuerza", lo que a su juicio no constituye "una buena noticia para la calidad de la democracia en nuestra región."[92]

Como se advierte, los vínculos e interrelaciones entre el impacto de la crisis económica internacional y la evolución de los procesos políticos, al menos en la percepción de la opinión pública predominante en América Latina, resultan mucho más complejos de lo esperado. No parece haber mucho espacio para determinismos economicistas, mientras que la densidad y las posibilidades de incidencia de la política emergen muy ampliadas. La pregunta acerca de cómo entienden la democracia los latinoamericanos genera más de una perplejidad y muchas interrogantes. Entre hiperpresidencialismo y "fiebre reeleccionista", parece consolidarse un distanciamiento creciente –ya presente desde varios años atrás– entre las ideas clásicas de la teoría democrática liberal y el ambiente político-intelectual que parece estar definiendo las visiones y los usos que sobre la idea general de democracia tienden a prevalecer en la opinión pública de los latinoamericanos. Como señala Zovatto, "la continuidad democrática no ha estado en riesgo", a pesar de que "determinados países han visto aumentar la polarización, la conflictividad social y las tensiones políticas", mientras que "las instituciones mejoran

---

[92]   *Ibíd.*, pp. 58-59.

mucho menos que los presidentes."[93] En suma, el principal impacto político de la crisis económica parece ser la mayor visibilización de procesos de cambio que ya estaban instalados desde bastante tiempo atrás en la región. Con muchas incertidumbres y escasas previsibilidades, por lo menos hasta ahora ese parece ser el panorama que también viene a confirmarse en las mediciones de opinión pública en la región.

¿Democracias "inciertas" o "diferentes"? Ciudadanía y nuevas formas políticas: el *test* de la crisis de cara al próximo ciclo electoral

Los países de América Latina en general y de América del Sur en particular han experimentado en las últimas dos décadas un proceso de expansión de la democracia. La región, al igual que otras áreas del mundo, asiste a lo que algunos analistas políticos y académicos han denominado la "tercera ola" democrática. Tras la primera ola expansiva de la democracia, desatada por las revoluciones norteamericana y francesa, y la segunda ola de las primeras décadas del siglo XX, asistiríamos en las últimas décadas a un visible avance a escala mundial de las instituciones democráticas. Si se compara el escenario latinoamericano de las décadas de 1940 y 1950 –cuando sólo dos o tres países podían ser calificados como democráticos– con el presente, resulta imposible no aceptar el avance de las instituciones, los valores y los hábitos de la democracia en el continente. Sin embargo, la actualidad de esta "tercera ola" democrática en el continente, con el agregado del impacto de la crisis global en curso, presenta –como

---

[93]   *Ibíd.*, pp. 58-59.

hemos tratado de probar– desafíos inéditos y en algunos casos de dimensión histórica.

En toda esta coyuntura que converge en el ciclo electoral 2009-2011 se juega también otro "pleito" político de primera importancia para buena parte de los países latinoamericanos, que hace referencia a la evaluación de los cambios y transformaciones que pueden verificarse en ese nivel más profundo de las prácticas y modelos de ciudadanía predominantes, y en la reconceptualización democrática que ese tipo de procesos siempre comporta. En el marco de un "cambio de época" en el que en el mundo y en la región se producen mutaciones muy fuertes en el campo de la política, tanto en relación con su quehacer concreto como a sus dimensiones más teóricas y propiamente ideológicas, el foco orientado al registro de las nuevas formas del ejercicio de la ciudadanía se vuelve un observatorio privilegiado para medir los indicios y las evidencias de transformaciones en múltiples campos de la convivencia cívica. En esa dirección, nuestra hipótesis de trabajo es la de que el impacto de la crisis global sobre la evolución del próximo ciclo electoral 2009-2011 en América Latina y el Caribe en general y en América del Sur en particular, puede configurar un valioso *test* para explorar los límites y los alcances del proceso histórico de cambio de las formas políticas que atraviesa la política latinoamericana en este comienzo del siglo XXI.

Pese a la marcada diversidad de sus sociedades y de sus sistemas políticos, pese a las múltiples fragmentaciones y asimetrías que presenta en la actualidad, a la mayoría de los países latinoamericanos le resulta muy difícil sentirse ajena a los fenómenos enfatizados por autores como Isidoro Cheresky.[94] Aunque con sus tiempos y sus maneras, en las

---

[94]   Cfr. entre otros textos de este autor: Cheresky, Isidoro (Comp.) (2006), *La política después de los partidos*, Buenos Aires, Argentina, Prometeo

distintas sociedades del continente también se producen fenómenos que refieren a procesos de cambio profundo identificados con temas y enunciados como los siguientes: la emergencia de "democracias diferentes"; de "ciudadanías atomizadas y constantes", en las que se vislumbra una suerte de "estallido de oportunidades" para nuevos formatos de acción política, para la constitución de "identidades no plenamente constituidas", para la emergencia de "espacios públicos no presos de tramas de institucionalización"; tras el debilitamiento y la desagregación de los partidos tradicionales irrumpe con fuerza la controversia en torno a los "partidos de nuevo cuño", con modalidades organizacionales y pautas de interacción diferentes con otros actores (movimientos sociales, redes de opinión, etc.); las elecciones replantean su significación "como promotoras de constitución de escenas con inducción de identidades"; el fenómeno de los liderazgos fuertes no sólo supone la profundización de procesos de "personalización de la política" sino que hace a esta última mucho más permeable y hasta vulnerable a "fenómenos de popularidad", de duración y de solidez muy diversas; en medio de procesos de creciente "subjetivación de la política", el peso de los medios de comunicación se amplifica en la vida cívica dentro de redes de sociabilidad "más espontáneas y menos institucionalizadas"; entre otros que podrían citarse.[95]

En ese contexto, autores como Evelina Dagnino, Alberto J. Olvera y Aldo Panfichi, entre otros, han desarrollado en trabajos recientes la idea de la expansión en el continente

---

Libros; Cheresky, Isidoro (Comp.) (2006), *Ciudadanía, sociedad civil y participación política*, Buenos Aires, Argentina, Miño y Dávila editores; Cheresky, Isidoro (Comp.) (2007), *Elecciones presidenciales y giro político en América Latina*, Buenos Aires, Argentina, Ediciones Manantial; Cheresky, Isidoro (2008), *Poder presidencial, opinión pública y exclusión social*, Buenos Aires, Argentina, CLACSO / Manantial.

[95] Aquí vale lo mismo que para la cita anterior.

de formas de "representación contenciosa", fundamentalmente sociales y no políticas, episódicas y reiteradas, afincadas más en lo local y proyectadas a menudo a través de movilizaciones fuertemente personalizadas. Los conflictos sociales que tenderían a expresar estas formas de "representación contenciosa", proyectan por lo general demandas específicas sin alternativas globales ni inserciones claras en "proyectos alternativos".[96]

Aunque resulta también difícil no advertir ciertas resistencias y sobrevivencias de las viejas matrices nacionales todavía influyentes en cada cultura política, ya no resulta persuasivo ni fundamentable en términos empíricos la visión de procesos políticos casi incomparables en su pluralidad, sólo inteligibles desde abordajes nacionales y casuísticos. Tampoco se trata por cierto de postular un nuevo intento –a priori infértil– de homogeneizar la visión y caracterización de un proceso político abarcativo de todo el continente, tampoco en relación con el subcontinente sudamericano. El marco general de la crisis global y de su impacto, así como la convergencia de ciertos procesos de cambio político que la precedieron y que pese a sus diferencias participan de un ciclo común, permite una lectura legítima sobre una inflexión histórica en la trayectoria de las democracias latinoamericanas.

En estos nuevos contextos de cambio político en el continente, el impacto de la crisis global y las formas de respuesta de la región ante la misma, como se ha señalado, pueden configurar un escenario especialmente propicio para la dilucidación de varios ejes de reflexión e interpretación de fuerte centralidad. Desde el campo

---

[96]   Cfr. Dagnino, Evelina, Olvera, Alberto J. y Panfichi, Aldo (2009), "Innovación democrática en América Latina: una primera mirada al proyecto democrático-participativo", en Raventós, Cisma (Comp.) (2009), *Innovación democrática en el Sur. Participación y representación en Asia, África y América Latina*, Buenos Aires, Argentina, CLACSO, pp. 31 y ss.

más estrictamente político, la lista de asuntos sometidos a debate es muy amplia: la resignificación de las teorías y prácticas de la ciudadanía; la transformación de los usos públicos del concepto democracia; la rediscusión del rol del Estado, los partidos y los movimientos sociales; el papel de los liderazgos; hasta una reedición del clásico tópico en América Latina de la "disputa constitucional del régimen", en el marco de los procesos de refundación institucional ya referidos; entre otros. Por su parte, desde el campo más netamente social, las cuestiones no son de menor complejidad: la reformulación de los actores; las nuevas formas de empoderamiento social; su entrecruzamiento con las políticas sociales; la emergencia de formas diferentes de constitución de identidades sociales; el debate en torno a los límites y alcances del "espacio público"; las claves novedosas de la representación, participación y agregación de grupos de interés; etc.

En suma, dentro de esos contextos inciertos que proyecta el impacto de la crisis en la región, las preguntas radicales que nutren la interpelación política más actual en la mayoría de los países latinoamericanos comienzan a sintonizar con la idea de un momento de inflexión conceptual en el cruce entre ciudadanía y democracia. ¿Qué partidos? ¿Qué sistema de partidos? ¿Qué tipo de liderazgos? ¿Qué nuevos espacios de participación? ¿Qué tipo de comunicación política es la prioritaria? ¿Qué forma de representación resulta dominante? ¿Qué agenda? ¿Qué forma efectiva de gobierno? ¿Qué régimen político? ¿Qué ciudadano? ¿Qué democracia? En suma, si preguntas tan radicales como estas dos últimas comienzan a resonar como no tan exóticas ni tan lejanas de la experiencia cívica cotidiana de los latinoamericanos, parece bastante evidente que algo muy profundo también se está moviendo en estos campos en el continente. Y por cierto que no se trata de acudir como otrora a "adjetivos" cambiantes para salvar "sustantivos" sospechados. Mucho menos de restaurar la infausta tradición de concebir sólo instrumentalmente a estos últimos. Luego del estallido de las desmesuradas expectativas de las transiciones, un cierto agnosticismo cívico fue imponiéndose gradualmente en el centro de las escenas políticas latinoamericanas, de la mano de la consolidación de democracias limitadas, "sin república" o con "poca república". Si realmente se quiere superar la incertidumbre y buscar genuinamente "democracias diferentes" a la altura de estos tiempos, con formatos de gobernabilidad tan eficaces como legítimos, habrá que bucear con profundidad en torno a estos temas. Si así ocurre, el desafío de la crisis global puede en efecto configurarse en una oportunidad.

DEMOCRACIA Y EXCLUSIÓN SOCIAL

Osvaldo Martínez Martínez[97]

El tema de la democracia no suele ser abordado por economistas. Sociólogos, politólogos e historiadores son los que frecuentan este tema, aunque es evidente que en el modelo económico tiene el debate sobre la democracia un componente sustantivo. El acceso al empleo es la base principal para disponer de un ingreso y sostener proyectos de vida individual y familiar, pues difícilmente se podría participar en la vida política si no hay participación en la vida económica, si se carece de ese punto de partida condicionante de la participación política que es tener medios de vida asegurados por un trabajo estable. El debate sobre la "construcción de ciudadanía" raras veces toma en cuenta la construcción de empleos estables, remunerados y dotados de adecuadas prestaciones sociales, sin los cuales los ciudadanos que deben mover los hilos de la democracia, no son más que excluidos sociales.

Curiosamente, las tendencias que sobre el empleo desarrolla el capitalismo global de nuestros días son claramente excluyentes de aquel empleo estable. El trabajo tiende a devaluarse, fragmentarse y precarizarse siguiendo el dictado del lucro de mercado que subordina y deforma el uso de las nuevas tecnologías de la información, convirtiéndolas en factores devaluadores de la fuerza de trabajo.

---

[97] Consejero a Título Individual de la Facultad Latinoamericana de Ciencias Sociales (FLACSO).

Estas tendencias dominantes a escala global llevan implícita la pregunta elemental acerca de si con tal devaluación y exclusión del llamado factor trabajo, el debate sobre la democracia –muy sesgado hacia el análisis de la dinámica de partidos, de procedimientos y rituales– carece cada vez más de base de sustentación y deriva hacia una metafísica democrática.

Es necesaria una ojeada a lo que está haciendo el capitalismo global con el trabajo, y un recordatorio de la realidad económico-social latinoamericana, para desde allí, plantearnos de nuevo los viejos interrogantes sobre la democracia.

Entre 2002 y 2007, América Latina vivió una cierta época dorada en términos de crecimiento económico, gracias a los altos precios de sus exportaciones de productos básicos, lo cual propició un afianzamiento de su perfil primario exportador (reprimarización), pero hizo posible un crecimiento de 26,5%. El ingreso per cápita anual aumentó 18,4% en ese periodo[98] y permitió que el ingreso anual promedio de un latinoamericano sea de unos 8.700 dólares, algo así como una clase media a nivel mundial.

En 2007, después de ese auspicioso periodo, los pobres alcanzaban no obstante la cifra de 194 millones, de los cuales 71.000.000 eran indigentes. En esta extrema categoría se incluían 41.000.000 de niñas y niños entre 0 y 12 años, y 12.000.000 de adolescentes entre 13 y 19 años.

En las zonas rurales, la extrema pobreza se acentúa y afecta al 37% de la población. Entre indígenas y afrodescendientes la extrema pobreza supera de 1,6 veces

---

[98]   Mussi, Carlos y Afonso, José Roberto (2008), "¿Cómo conciliar desarrollo económico con bienestar social? Algunas reflexiones sobre los nuevos desafíos latinoamericanos", en *Nueva Sociedad,* núm. 215, Buenos Aires, Argentina, mayo-junio de 2008, pp. 147-166.

(Colombia), hasta 7,8 veces (Paraguay) a la del resto de la población (CEPAL).

La crisis económica global en 2008-2009 impactó a la región y probablemente echará por tierra los avances sociales que aquellos años de altos precios de las *commodities* trajeron. Por el momento, la FAO ha revelado que los avances logrados a paso de hormiga durante quince años en la reducción del número de hambrientos, fueron borrados ya, y que 53.000.000 de latinoamericanos están desnutridos, incluyendo tres de cada cuatro niños indígenas.

Pero lo más interesante es el secular problema de la desigualdad en la distribución del ingreso. América Latina no es la región más pobre. Ella es una especie de clase media en esos engañosos promedios mundiales. Lo que nadie discute es que contiene la mayor carga de desigualdad social, de polarización extrema entre riqueza y pobreza.

Se señala que el coeficiente Gini en América Latina supera en dos tercios al de los países de la OCDE. En la región, el 20% más pobre recibe menos del 10% del ingreso total, mientras que el 20% más rico se apropia entre el 50 y el 60% (CEPAL).

Esta extrema desigualdad es una poco honrosa "marca de fábrica" que acompaña a América Latina, la define como la región de mayor inequidad social en el planeta y tiene una relación de fundamental importancia con el funcionamiento de la democracia, su calidad y aun su misma concepción.

Aunque esa inequidad hunde sus raíces en el pasado colonial y en los procesos de articulación de las economías y sociedades latinoamericanas a los centros del capitalismo mundial en los siglos XIX y XX, las directrices actuales del capitalismo global tienden a empeorar lo regresivo en la distribución del ingreso, en íntima conexión con la política neoliberal que ha dominado y aun continúa siendo dominante, a pesar de los esfuerzos por encontrar otras fórmulas.

Las tendencias hacia una mayor desigualdad provenientes del capitalismo global

El periodo de relativa estabilidad, con política keynesiana, sociedad de bienestar y no pocos avances en la legislación y práctica laboral, que vivió el capitalismo aproximadamente entre 1945 y 1975, entró en crisis por una combinación de factores que incluyeron el descenso de la tasa de ganancia del capital productivo debido al aumento de la composición orgánica del capital y la consiguiente incapacidad de la demanda para absorber los resultados de las inversiones en tecnologías. Comenzó a registrarse un excedente de capital en relación con sus posibilidades de inversión rentable en las condiciones productivas de aquella etapa: keynesiana en cuanto a política económica y fordista en cuanto a organización industrial.

El capital excedente buscó salidas alternativas para su colocación rentable y las encontró en la inversión especulativa, en el traslado de dólares hacia Europa (eurodólares), en la canalización de créditos hacia los países del Sur, en especial los latinoamericanos, en los cuales no tardaría en estallar la crisis de la deuda externa (1982), y en el gasto militar ocasionado por la guerra en Vietnam.

Aquella transferencia masiva hacia el sector financiero en detrimento de la economía real se reflejó en un crecimiento más lento y un aumento del desempleo. Esto a su vez sometió a tensión al Estado de bienestar, hizo aumentar el gasto público y comenzaron los desequilibrios en la balanza de pagos, en especial en la de Estados Unidos, hasta derivar en el insostenible desequilibrio que hace funcionar esa economía como una aspiradora que apoya su consumismo en gigantescos déficits fiscales y comerciales que son financiados por el resto del mundo, en lo que algunos han llamado el equilibrio del terror financiero.

Esos desequilibrios, apenas iniciales en el caso de Estados Unidos en los años 1970, fueron enfrentados, por lo general, mediante la emisión de moneda, provocando inflación. Finalmente, al reunirse el escaso crecimiento con la inflación, el sistema keynesiano-fordista vivió su crisis final marcado por la estanflación.

Quedó abierto el camino para la implantación de la contrarrevolución neoliberal. Ella combinó la centralidad del mercado como árbitro y organizador supremo, con el flujo de capitales cada vez más libres gracias a la desregulación financiera, más abundantes gracias a las crecientes ganancias especulativas y la anulación de la competencia del llamado socialismo real con la desaparición de la Unión Soviética.

Pero como ha explicado Gilberto Dupas en su excelente artículo "Pobreza, desigualdad y trabajo en el capitalismo global", publicado en la revista *Nueva Sociedad,* (núm. 215, 2008), la incorporación de las tecnologías de la información al sistema productivo conformó una economía del conocimiento que impactó el significado de conceptos como valor, capital y trabajo. Si bien el trabajo aumentó en muchos casos su componente de conocimiento, las reglas capitalistas continuaron imponiendo el principio de que a mayor costo del trabajo, menos importancia y respeto hacia éste. Esas mismas tecnologías facilitaron la "flexibilización del trabajo", esto es, su precarización, informatización y escasa remuneración. Se extiende el "microminiempresario" que debe autoabastecer su propia comida, transporte, salud, superación individual, en una peculiar variante de autoexplotación.

Con el conocimiento se han abierto paso dos caras del mismo fenómeno. Por un lado, éste se ha depreciado al multiplicarse casi sin costo como *software* utilizado por máquinas para aplicar patrones repetidos, masificados. Por otro, el conocimiento, para conservar su valor, debe ser escaso y tratar de obtener monopolios –aunque sean fugaces– en la investigación tecnológica privada para facilitar ganancias extraordinarias mientras dure.

Es el caso de las computadoras, pantallas de plasma y teléfonos celulares que son objeto de campañas publicitarias intensas, de modo que se hacen obsoletos a poco tiempo de salir al mercado y en plena capacidad de sus valores de uso. Es un permanente proceso de inutilización de productos que supone un enorme desperdicio de materias primas y recursos no renovables, una degradación acelerada del medio ambiente y un voraz consumo de energía.

El trabajo, o bien se precariza y fragmenta, o se devalúa aun incorporando conocimiento, o en los casos privilegiados, sirve como base para una "destrucción creativa" schumpeteriana, en la que al incorporar los límites al crecimiento dados por la degradación ambiental y el consumo de energía, la destrucción supera con creces a la creación, al incluirse dentro del proceso global de agresión a las condiciones para la vida humana en el planeta.

Como señala Dupas, algunas grandes corporaciones aparecen como prototipos de momentos en la historia del capitalismo. En los años 1980 fue el auge de la maquila desplazando actividades industriales hacia la frontera con México, en busca de sus bajos salarios. El capital global luchaba en dos frentes contra la tendencia decreciente de la tasa de ganancia: inflando una superestructura especulativa desorbitada cuyo estallido conduciría a la crisis global actual, y rebajando salarios, protección al trabajo, recortando servicios públicos y contaminando el medio ambiente para descargar costos.

Si en algún momento el modelo empresarial fue Ford y General Motors –hoy reducidas a nostálgicos recuerdos y financieramente quebradas–, en otro fue Microsoft y ahora el paradigma es Wall Mart, lo que equivale a hablar de una facturación de 300.000 millones de dólares anuales, más de 100 millones de clientes cada semana, junto a salarios pésimos, explotación descarnada en medio de abusivas e inhumanas condiciones de trabajo.

El modelo neoliberal ha tenido un profundo impacto en hacer más desiguales e inequitativas las sociedades latinoamericanas y en degradar el trabajo como fuente de ingreso y actividad creativa y gratificante. Quizás el más grave de todos los problemas del capitalismo global es la poca cantidad y la mala calidad de los empleos que genera. El trabajo fijo, remunerado, "decente" –según la expresión de la OIT– que es definitivo para la participación social, está no sólo en retroceso, sino también en franca crisis. Los empleos de largo plazo asegurados son cada vez más raros, y el trabajo recae sobre tareas o etapas de duración limitada.

Anteriormente, los trabajadores mantenían una sólida relación de largo plazo con sus empresas empleadoras, y eso facilitaba un cierto ámbito social que amortiguaba la lucha de clases mediante beneficios en salud, educación, jubilación, que moldeaban una sensación de progreso en medio de sociedades que no vacilaban en llamarse a sí mismas sociedades de bienestar. No mucho de esto llegó a América Latina, que todavía en 1980 seguía siendo en lo esencial abastecedora de materias primas, mientras que en Estados Unidos y Europa funcionaba aquel bienestar, pero en cambio llegó con toda velocidad el nuevo paradigma en política económica y sus consecuencias sobre el trabajo.

El neoliberalismo ponía su énfasis en la ganancia a corto plazo, más a tono con su predilección por la especulación cortoplacista que por la ganancia industrial más lenta en el tiempo. Esta tendencia encontró en el avance de las tecnologías de información un complemento perfecto para comenzar a precarizar el trabajo. Las vidas laborales comenzaron a vivir una angustia permanente, porque como dice Dupas, "el nuevo capital es impaciente. Los inversores buscan la flexibilidad de las empresas en su secuencia de producción para poder alterar los esquemas a voluntad y tercerizar todo lo que sea posible. En este contexto, los empleos se limitan cada vez más a contratos de hasta seis meses, frecuentemente renovados."[99]

De este modo, el trabajo temporal es el de más rápido crecimiento. La jornada laboral se hace más larga y la depresión provocada por trabajos "flexibilizados" alimenta la propensión al alcoholismo, el divorcio, los problemas de salud, y en especial hace más desigual la distribución del ingreso y se relaciona con otros fenómenos como el incremento de la violencia y la criminalidad. En América Latina, la época de oro neoliberal de los años 1990 coincidió, no por azar, con un aumento del 40% en los homicidios, lo cual convirtió a la región en la segunda con mayor criminalidad mundial, después de África Subsahariana.[100] Son latinoamericanos tres de los cuatro países más violentos del mundo: Colombia, El Salvador y Brasil.

Desigualdad y democracia en América Latina. El modelo económico y su relación con la democracia

Parecería una verdad de Perogrullo que el modelo económico influye muy directamente en la democracia o en su sucedáneo, "la gobernabilidad democrática". Pero en la región pueden apreciarse dos etapas de diferente apreciación en cuanto a ella.

Como señala Marcos Roitman en su excelente libro *Las razones de la democracia en América Latina,*[101] si du-

---

[99] *Ibíd.*

[100] Banco Mundial (2006), *Poverty Reduction and Growth. From Vicious to Virtuous Circles*, Washington DC, Estados Unidos, Banco Mundial.

[101] Roitman, Marcos (2005), *Las razones de la democracia en América Latina*, México DF, México, Siglo XXI.

rante varias décadas la pregunta que centró la ocupación intelectual fue ¿cómo salir del subdesarrollo?, después de la traumática etapa de las dictaduras militares y la salvaje represión, la pregunta pasó a ser ¿cómo salir de las dictaduras?

La primera pregunta suponía un intento más abarcador de explicar en la historia, la economía, la política y en la cultura como síntesis de todo lo anterior, el modo en que se habían conformado la estructura y las relaciones de subdesarrollo y dependencia de esta región. Esta pregunta implicaba el debate sobre la salida del subdesarrollo. Se trataba de explicar el subdesarrollo para dejarlo atrás, de identificar los obstáculos al cambio social para superarlos. En ella, la democracia era parte componente inseparable de las reflexiones sobre las formas de dominación económica, política, cultural de las clases dominantes y de proyectos diversos para transformar aquella realidad.

En esta perspectiva de pensamiento, que abarca tanto a los teóricos de la dependencia como a los que desde la interpretación de procesos históricos intentaron explicar la realidad regional, o incluso en figuras independientes como Raúl Prebisch, la democracia no era un fin en sí mismo, sino un componente orgánico de una interpretación del subdesarrollo y de un proyecto explícito o implícito para salir de aquel estadio.

Después de la dolorosa experiencia de las dictaduras militares, en los años 1980 se inicia una etapa en la que la obsesión por salir de las dictaduras se traduce -no sin cierta lógica a partir de las brutales experiencias vividas- en obsesión por reflexionar sobre la democracia como un fin en sí mismo, despejado de contenido socioeconómico, de dominación clasista y vista en términos de la vía para dejar atrás las dictaduras. Según Agustín Cuevas: "Se pasó del modo de producción capitalista al modo de producción democrático."[102]

Este cambio en el modo de reflexionar sobre la democracia implicó exaltar a ésta como un valor abstracto, intemporal, universal, más allá de sociedades concretas, diferentes todas, y capaz de actuar como un valor normativo en sí mismo para todo tiempo y lugar. La democracia dejó de ser parte de una interpretación histórica de sociedades vivas, divididas en clases, sujetas a relaciones de dependencia y escenario de inequidades y dominación social, necesitadas de transformación, siendo la democracia un componente de esa transformación, y respondiendo ella a una pregunta esencial que le otorga su sentido trascendente: ¿para qué la democracia? Para pasar a ser estudiada y entendida como un valor universal, y destacada casi exclusivamente como opción favorable en comparación con las dictaduras precedentes, y en algunos casos como justificación de transiciones democráticas que conservaron importantes espacios de protección a los dictadores y dictaduras anteriores.

Una figura tan lúcida como el desaparecido René Zavaleta dice al respecto:

> La sociedad civil en esta fase gnoseológica es solo el objeto de la democracia; pero el sujeto democrático (es un decir) es la clase dominante, o sea su personificación en el Estado racional. La democracia funciona entonces como una astucia de la dictadura. Es el momento no democrático de la democracia [...] Sostenemos, por tanto, que la separación entre el Estado político y la sociedad civil es el hecho equivalente, en la política, al fetichismo de la mercancía: dentro de la mercancía o igualdad está la plusvalía o desigualdad

---

[102] Cuevas, Agustín (1988), *Las democracias restringidas de América Latina*, Ecuador, Planeta.

y dentro de la autonomía del Estado-democracia está la dictadura burguesa.[103]

En otras palabras, se separa la democracia del problema fundamental de la dominación política de las clases dominantes y se convierte ésta en un conjunto de reglas procedimentales, de reglas de juego "neutrales" e iguales para todos, aunque en la abstracción "todos" se esconda una dosis de desigualdad, exclusión e injusticia social, que desde abajo, desde las bases mismas de la sociedad, reclaman de la democracia no ser simple procedimiento o reglas para cosas tales como alternancia política, respeto a las mayorías, libertad de expresión, sino instrumento de transformación, camino abierto al cambio social.

Concebida como valor universal, abstracto, como conjunto de reglas procedimentales o como ritual democrático, la democracia se desvincula por definición de cualquier proyecto de transformación sociopolítica, pues en su pretendida universalidad e intemporalidad, la transformación sólo podría existir dentro del espacio de valores establecidos por el ritual democrático universal. De aquí se desprende otro paso: sería difícil plantear críticas sobre el contenido real en términos de justicia social y acceso verdadero al poder político en las democracias existentes si éstos cumplen con los procedimientos democráticos. Es el paso de la democracia a algo sutilmente diferente que es la gobernabilidad democrática, más interesada en reproducirse como gobernabilidad que en plantearse el contenido real de la democracia en términos de justicia social y verdadera igualdad.

No parece casual que abunden más las investigaciones sobre la pobreza que sobre la desigualdad, a pesar de

---

[103]   Zavaleta, René (1986), "Cuatro conceptos de la democracia", en Labastida, Julio, *Los nuevos procesos sociales y la teoría política contemporánea*, México DF, México, Siglo XXI, p. 302. Citado por Marcos Roitman.

ser ésta el talón de Aquiles de las democracias electorales latinoamericanas, pero en la matriz de pensamiento liberal que es la base de las democracias representativas, la desigualdad es aceptable si se cumple la regla de la igualdad de oportunidades "ciudadanas", pero en la terca realidad la igualdad de oportunidades entre el 20% "más rico" y no menos del 50% "más pobre" de los latinoamericanos es una burla o una estafa.

La gobernabilidad democrática, entendida sólo como definición jurídica procedimental, tiende a ignorar el sentido de las relaciones sociales bajo el capitalismo globalizado, neoliberal y transnacionalizado que es el real en América Latina. Éste produce explotación, desigualdad, exclusión y virtual negación de la participación, pero las desigualdades quedan legitimadas como consecuencias inevitables de unas reglas del juego basadas en libertades individuales e igualdad formal bajo la categoría neutra de ciudadanos.

El cientista social Hans-Jurgen Burchardt ha hecho un interesante balance de la relación desigualdad-democracia. Y ha concluido que "a casi tres décadas de la recuperación de la democracia, la mayor participación política no se ha traducido en participación social. Esto plantea nuevos interrogantes a la teoría de la democracia."[104]

En el mencionado artículo se constata que los déficits democráticos de las democracias son extensos, a tal extremo que se habrían llegado a plantear la existencia de no menos de 550 subtipos de democracias para unos 120 regímenes formalmente democráticos a fines del siglo XX. Pero más allá de la extensa lista de déficits, una de las conclusiones es que "aunque se produzca con cierta regularidad la alternancia entre las élites políticas, la participación es baja

---

[104]   Burchardt, Hans-Jurgen (2008), "Desigualdad y democracia", en *Nueva Sociedad*, núm. 215, Buenos Aires, Argentina, mayo-junio de 2008, pp. 79-94.

y, por lo tanto, no alcanza para controlarlas. Las élites con frecuencia se aíslan de la sociedad y se enquistan en el poder. Esto significa que, contra lo que sostiene la teoría de transición, la celebración de elecciones libres y la existencia de una estructura institucional adecuada no conducen en forma lineal a la democratización política. Los fenómenos detallados anteriormente no serían 'dolores de parto' para avanzar en la construcción de la democracia liberal, sino que deben ser entendidos como características de un desarrollo propio."[105]

Se ha planteado la expresión "ciudadanía de baja intensidad" para caracterizar a las democracias latinoamericanas, pero qué es esto sino el reflejo de la extrema desigualdad y las múltiples formas de discriminación que de allí se derivan y se alimentan de un modelo económico excluyente *per se,* y que considera ciudadanos con iguales derechos al opulento, que entre otros factores reproduce su opulencia en el acceso al conocimiento, y al hambriento, que reproduce su hambre en el no acceso al mismo. Esa brecha en América Latina no se está achicando, sino está creciendo.[106]

Durante tres décadas de democracias electorales no se ha cumplido en la región el supuesto de que a más democracia más justicia –y no sólo justicia en cuanto a derecho, sino también justicia social–, y a más justicia más democracia. Por el contrario, la desigualdad, y por ende la injusticia social, crecieron en esos años.

Vuelve a plantearse el interrogante acerca de la compatibilidad entre una relación social básica capital-trabajo, que en esencia produce y reproduce desigualdad, y la democracia en tanto ritual de reglas de procedimiento en

---

[105]   *Ibíd.* p. 81.
[106]   CEPAL (2007), *Panorama social de América Latina 2007*, Santiago, Chile, CEPAL. Disponible en línea: www.eclac.org

instituciones correspondientes, pero también entendida como participación, control sobre los gobernantes, transparencia en la gestión pública, verdadera igualdad.

Burchardt llega a la conclusión, desde una posición que no es anticapitalista, que "democracia y mercado no necesariamente tienen efectos sinérgicos: pueden, de hecho, volverse contradictorios".

Por su parte, James Petras, desde una posición anticapitalista radical, plantea que la democracia es dependiente de la hegemonía y la solidez de la propiedad capitalista, y que este sistema tiene una visión instrumental de la democracia, lo cual se ilustra con numerosos ejemplos históricos en los que el capitalismo global, su centro hegemónico (Estados Unidos), ha apoyado dictaduras –como en América Latina– o democracias electorales según coyunturas evaluadas como favorables o desfavorables para los intereses hegemónicos.[107]

El déficit democrático de las democracias liberales latinoamericanas, y no sólo latinoamericanas, ha inducido a poner énfasis en la relación entre democracia e igualdad social, y a incluir algunas dimensiones socioeconómicas que hacen más complejas la ecuación de la teoría liberal, como la capacidad de decisión económica, las oportunidades y las competencias.[108]

Pero, no obstante, la teoría liberal ignora que las capacidades de decisión económica, las oportunidades, los talentos, no se establecen a partir de libertades individuales formales, sino que están condicionados por el medio social concreto y que "por tanto, la reducción efectiva de la desigualdad debería producirse no a través de posibilidades

---

[107] Petras, James (s/f), *Democracia y capitalismo. Transición democrática o neoautoritarismo*, s/l, s/e.

[108] Sen, Amartya Kumar (2003), *Sobre ética y economía*, Madrid, España, Alianza.

individuales o de la democratización en el acceso, sino mediante la promoción económica y el empoderamiento de las comunidades más pobres y los sectores subalternos."[109]

El ciudadano abstracto e irreal de la teoría liberal es un ser humano que puede tener derechos teóricos, pero necesita hacerlos efectivos, y para eso tiene que poseer recursos que lo hagan capaz de reclamarlos y hacerse escuchar. Los que no tienen recursos, tienen sólo un derecho inalcanzable que no llega a conectar con su vida real. La ciudadanía se hace realidad participativa y derecho operativo sólo a partir de poseer los recursos para poder demandarlos y ejercerlos. La concepción de ciudadanía –hija predilecta del liberalismo doctrinario– no es más que una abstracción vacía, o peor aun, el encubrimiento de la desigualdad real bajo el manto de la igualdad formal, si no va acompañada de un reconocimiento de la desigualdad social y de acciones para combatirla.

El debate sobre la calidad de la democracia parece a veces ignorar la verdad elemental de que para garantizar democracia, participación, control de los gobernantes, buen funcionamiento de las instituciones, en suma, verdadera democracia, no basta con que exista igualdad formal de derechos jurídico-políticos y cumplimiento de los procedimientos y rituales democráticos, sino que los actores sociales posean recursos similares, o al menos, que no existan entre ellos las abismales diferencias que hoy caracterizan a la región.

No basta con reconocer la igualdad en el derecho al voto, a la expresión, a la asociación, etc., si las elecciones son competencias mediáticas costosas, si la expresión es monopolizada por las grandes empresas que fabrican opiniones, si la asociación requiere mucho dinero para establecerse y aun más para hacerse escuchar, si la carencia

---

[109]   Burchardt, "Desigualdad y democracia", *op. cit.*, p. 89.

de instrucción elemental bloquea el diálogo político más allá de banalidades propagandísticas, y si el desempleo y la pobreza favorecen el clientelismo y la compra-venta de votos.

Es imprescindible ir más allá de las igualdades y derechos formales, para actuar en la transformación de la exclusión social mediante la promoción del empleo, la efectiva redistribución de la riqueza, el acceso a la educación, a la salud, a la cultura, y esto con mayor intensidad y premura mientras más desfavorecidos, pobres y excluidos sean los grupos sociales de que se trate.

Las famosas "asimetrías de poder" no son más que una expresión académica suavizante para aludir a la enorme injusticia y exclusión social que lastra a las sociedades de la región y mutilan en ellos la democracia, aunque existan multitud de partidos, funcione el parlamento, los tribunales de justicia, etc.

Democracia y gobiernos que proclaman el socialismo del siglo XXI

En años más recientes, la crisis de pobreza, informalidad y desigualdad desatada por el Consenso de Washington en la región, unida a la vaciedad y carencia de inclusión social en las democracias electorales, produjo el hecho político relevante de la victoria electoral y el acceso al gobierno de fuerzas políticas con proyección antineoliberal, un fuerte sentido de nacionalismo democrático-social, políticas de independencia frente a Estados Unidos y fuerte crítica al accionar de sus gobiernos.

En Venezuela, en Bolivia y Ecuador, se proclama el avance hacia el socialismo del siglo XXI a partir de gobiernos elegidos en procesos electorales de la democracia liberal y que se desenvuelven desde entonces dentro de ellas, dentro de sus reglas y límites.

Surgen varias preguntas en relación con este resultado impensable hace apenas una década, cuando el pensamiento único parecía todopoderoso e incapaz de perder elecciones en las estructuras democráticas adaptadas a su conveniencia y en las cuales sus candidatos ganaban invariablemente, llevando al gobierno variantes menores en la aceptación esencial de la liberalización contenida en el Consenso de Washington.

Tan profunda fue la crisis generada por aquella política de modernización subordinada, de "inserción en el mercado mundial" y de ascenso al Primer Mundo, que los votantes desbordaron la apatía por las elecciones y al votar por Chávez, por Evo Morales, por Rafael Correa, reflejaron el rechazo a la demagogia anterior, utilizando el vehículo electoral que había vuelto a funcionar dentro de la matriz neoliberal.

En efecto, ¿podrán estos gobiernos avanzar hacia el socialismo del siglo XXI, lo cual supone dejar atrás al capitalismo, actuando dentro de la estructura institucional y jurídica de la democracia liberal? ¿Podrán ellos ir transformando desde adentro esas estructuras dotando sus principios democrático-igualitarios abstractos con contenidos de justicia social que los trasciendan y conviertan en verdaderas democracias participativas?

Estas preguntas trascienden las posibilidades de un breve artículo y requieren respuestas complejas que no serán dadas sólo por la teoría, sino por la unión entre ella y una práctica política que no tiene manuales preestablecidos y debe ser "creación heroica", nunca "calco y copia".

Entre otros muchos factores a tener en cuenta en este complejo desafío político y teórico, se encuentra la necesidad de consolidar una base económica compartida (ALBA) que ofrezca el sustento indispensable del proyecto político y permita que estos gobiernos no sean desalojados mediante elecciones en las que las necesidades materiales insatisfechas estimulen una derrota. La crisis económica global actual plantea a estos gobiernos un desafío porque los desgasta en tanto gobiernos debido a los estragos financieros que provoca, pero al mismo tiempo da la posibilidad de enfrentar la crisis protegiendo con prioridad a los más vulnerables y demostrando así la naturaleza diferente de ellos respecto al modo oligárquico tradicional de descargar los efectos de las crisis económicas. Sólo la práctica política de los próximos años podrá responder a esas preguntas, aunque la experiencia de años recientes muestra que estos gobiernos y aun más, el movimiento social de base popular que ellos encarnan, sería capaz de conjugar democracia y justicia social, colocados fuera del capitalismo y trascendiendo la democracia liberal, llenándola de un nuevo contenido participativo y multicultural.

Mientras tanto, llama la atención la crítica a que se les somete, acerca de la pérdida de calidad democrática en ellos, de tendencias autoritarias que estarían manifestándose, aunque se trata de gobiernos elegidos mediante elecciones consideradas democráticas, con la presencia de observadores internacionales, medios de comunicación oligárquicos abiertos y en pleno funcionamiento e incluso un gobierno como el de Chávez, que ha batido récords en cuanto a elecciones efectuadas y no sólo elecciones, sino también plebiscitos con capacidad de revocar al Presidente, los cuales no existen ni han existido en los países que no reciben críticas y que por tanto, estarían cumpliendo a pie juntillas los parámetros democráticos consagrados.

Las críticas se basan en la teoría liberal que prioriza el ritual y los procedimientos y se mantiene dentro de los límites de la ciudadanía abstracta, la igualdad de derechos entre desiguales y la libertad de expresión de los grandes dueños de empresas mediáticas.

Es singular que los gobiernos de izquierda mencionados reciban críticas por diferenciarse de los que siguen el modelo liberal oligárquico, y las críticas sean más acres, mientras mayores dosis de inclusión social producen o intentan introducir. Pero la carencia de inclusión social ha sido precisamente la que ha vaciado la democracia liberal y la ha sumido en reconocidos déficits que tienen en la indiferencia de los votantes –el partido de mayor votación es la abstención– su síntoma más evidente.

Parecería que la única forma de satisfacer a los críticos de los gobiernos de izquierda es volver estrictamente a la democracia ritual que al fracasar hizo posible la llegada al gobierno de los que ahora critican.

A la comunicación entre gobernantes y gobernados que se establece en las experiencias comunitarias ensayadas por Chávez, o en el peculiar modo de diálogo y respeto entre Evo Morales y la población indígena, se la descalifica conceptuándola como populismo. La expresión "populismo" se identifica como demagogia, o en la mejor variante, como reducción de la calidad democrática, tendiente al autoritarismo.

Pero como señala Burchardt, el populismo puede ayudar a superar crisis sociales mediante la construcción de un imaginario colectivo en torno a nuevos valores, establecer la comunicación entre gobernantes y gobernados que la democracia representativa nunca logró, y actuar como vehículo de una amplia movilización política que ya va siendo parte de una ampliación de los derechos democráticos.

El populismo, en tanto apelación al "pueblo", no define una orientación política *per se*, sino solamente el propósito de accionar por definir el bien colectivo, sin que esto implique la opción por un sistema político específico.

Gobiernos militares de la etapa dictatorial fueron tildados de populistas, y lo fueron también los gobiernos emergidos de elecciones que aplicaron los ajustes estructurales neoliberales en los años 1980 y 1990, por lo que llamar populistas a los gobiernos de izquierda actuales expresa no sólo un intento de rebajarlos *a priori*, sino también un desconocimiento de la verdadera carga conceptual del llamado populismo.

Más que descalificar a los gobiernos que proclamaron su propósito de construir el socialismo del siglo XXI, sería necesario replantearse el viejo problema de la relación entre libertad de mercado y democracia. Si la concepción de democracia no incorpora a ella la noción de equidad social, reducción de las desigualdades sociales que hacen de la democracia letra muerta, el bello concepto seguirá siendo un formalismo en tanto igualdad político-jurídica, carente de significado real para los muchos excluidos en la distribución del ingreso.

La democracia no puede limitarse al discurso liberal sobre la igualdad de todos ante la ley y los derechos individuales inalienables, en tanto la libertad de mercado –o los monopolios del mercado generan exclusión social en la base misma de la pretendida democracia. No basta con la igualdad político-jurídica, si no va acompañada de la inclusión social, y ésta es incompatible con la abismal desigualdad latinoamericana.

La validez formal del derecho básico de libertad no puede quedar en la declaración solemne, pero intrascendente, sino que debe promover la inclusión de los excluidos, mediante su ascenso intelectual y económico, lo que supone renunciar a entender falsamente la igualdad como una realidad y asumirla como un objetivo prioritario del Estado, sin el cual no tendrá éste verdadera legitimación democrática. Lo anterior implica reconocer que el sistema social engendrador de las desigualdades debe ser transformado, pues no se trata de administrar la desigualdad, sino de eliminarla.

Éste es el núcleo duro, a mi juicio definidor de los proyectos para construir el socialismo del siglo XXI. Más que llamar populismo en sentido despectivo a estos proyectos, sería justo entenderlos como proyectos encaminados a encontrar el vital eslabón perdido de la democracia liberal: la justicia social en tanto inclusión de los excluidos y el establecimiento no sólo de una democracia política formal, sino también de una democracia participativa, social, con significado real para todos sus actores.

MEMORIA Y CONVIVENCIA DEMOCRÁTICA: POLÍTICAS DE OLVIDO Y DE MEMORIA[110]

Elizabeth Lira Kornfeld[111]

Introducción

21 de diciembre de 1907: centenares de trabajadores salitreros que estaban en huelga fueron asesinados en la Escuela Santa María de Iquique en Chile.[112]

24 de abril de 1915: se inició en Turquía el exterminio del pueblo armenio. Cientos de miles murieron cuando fueron deportados en condiciones inhumanas. Los muertos se estimaron entre centenares de miles de hombres, mujeres y niños.[113]

26 de abril de 1937: en el País Vasco, la ciudad de Gernika fue bombardeada durante varias horas por aviones alemanes durante la guerra civil en España y hubo centenares de muertos y heridos.[114]

28 de septiembre de 1937: al sur de Dajabon, ciudad fronteriza con Haití, situada al noroeste de la República Domini-

---

[110]   Este artículo forma parte del proyecto Justicia y Memoria que se lleva a cabo en el Centro de Ética de la Universidad Alberto Hurtado con el apoyo de la Fundación Ford.

[111]   Al momento de escribir este artículo fungía como Consejera a Título Individual de la Facultad Latinoamericana de Ciencias Sociales (FLACSO). Actualmente es Directora del Centro de Ética de la Universidad Alberto Hurtado en Santiago de Chile.

[112]   Disponible en línea: http://www.memoriachilena.cl/temas/index.asp?id_ut=masacredelaescuelasantamariadeiquique

[113]   Disponible en línea: http://www.genocidioarmenio.org/nota.asp?id=17

[114]   Disponible en línea: http://www.tlaxcala.es/pp.asp?lg=es&reference=2506

cana, se inició el exterminio de los residentes haitianos con cuchillos, palos y machetes. Fue realizado bajo el mando de militares. Se estimó entre 12.000 y 25.000 los nacionales haitianos asesinados en esta matanza, que continuó hasta el 15 de noviembre de manera esporádica.[115]

1941-1945: se instalaron campos de exterminio de judíos, gitanos, presos políticos, homosexuales, testigos de Jehová, delincuentes y otros presos provenientes de todos los países ocupados por el régimen nazi. Millones de personas murieron en Auschwitz, Treblinka, Jasenovac, Buchenwald, Dachau, y otros.[116]

17 de abril de 1961: la policía asesinó cerca de 327 argelinos en París.[117]

16 de marzo de 1968: 100 soldados estadounidenses bajaron en helicópteros al poblado de My Lai en Vietnam y mataron a 350 civiles, la mayoría mujeres, niños y ancianos en una guerra que trajo devastación y muerte no sólo para las víctimas sino también para los soldados que actuaron en ella.[118]

30 de septiembre-22 de octubre de 1973: el general del Ejército Sergio Arellano Stark, acompañado por una comitiva de diez oficiales, recorrió varias ciudades desde el sur hasta el norte de Chile, pocos días después del golpe militar. La comitiva ejecutó a 26 personas en el sur y a otras 71 en las ciudades de La Serena, Copiapó, Antofagasta, y Calama al norte del país. Esta operación fue conocida como Caravana de la Muerte.[119]

---

[115]   Disponible en línea: http://www.monografias.com/trabajos/mathaitianos/mathaitianos.shtml

[116]   Disponible en línea: http://www.ushmm.org/wlc/article.php?lang=es&ModuleId=10005754 y http://www.taringa.net/posts/info/1344380/El-campo-de-Jasenovac-(Para-no-olvidar).HTML

[117]   Levine, Michel (1985), *Les Ratonnades d'octobre. Un meurtre collectif a Paris en 1961*, Ramsay, París, Francia ; y Einaudi, Jean Luc (1988), "Un Jour d'octobre à Paris", en *Le Genre Humain. Politiques de l'oubli*, Seuil, Paris, Francia.

[118]   Disponible en línea: http://www.britannica.com/EBchecked/topic/884415/My-Lai-Massacre

[119]   Disponible en línea: http://www.memoriayjusticia.cl/espanol/sp_enfoque-caravana.html

4 de mayo de 1980: en el río Sumpul, departamento de Chalatenango en El Salvador, más de 300 personas no combatientes fueron asesinadas, incluyendo mujeres y niños, por un contingente de la guardia nacional y de fuerzas paramilitares.[120]

6 de diciembre de 1982: en la comunidad "Las Dos Erres" en el Departamento del Petén, en Guatemala, fuerzas militares asesinaron al menos 178 personas, entre ellas 113 niños.[121]

3 de abril de 1983: en Perú la organización política Sendero Luminoso decidió imponer una "sanción ejemplar" al pueblo de Lucanamarca en la región de Ayacucho, asesinando a 69 personas (dieciocho niños, once mujeres, algunas de las cuales estaban embarazadas). La mayoría de las víctimas murieron por heridas de machete y hacha, y algunos recibieron disparos en la cabeza a corta distancia.[122]

El 6 de abril de 1994, los presidentes de Ruanda y Burundi, Juvenal Habyarimana y Cyprien Ntaryamira, murieron en un atentado terrorista cuando estaban por aterrizar en Kigali. Durante un mes a partir de esa fecha se inició una matanza en las comunidades Hutu y Tutsi en la zona de los Grandes Lagos africanos. Fueron asesinadas más de 800.000 personas entre abril y julio.[123]

12 de julio de 1995: en Srebrenica fueron asesinadas más de 8.000 personas por fuerzas del ejército de la República Serbia. 1.042 eran menores de dieciocho años. En memoria de las víctimas se construyó un monolito con la frase "Nunca más".

---

[120] Disponible en línea: http://www.elsalvador2day.com/el-salvador/conmemoran-masacre-en-el-sumpul/

[121] Disponible en línea: http://shr.aaas.org/guatemala/ceh/mds/spanish/anexo1/vol1/no31.html

[122] Al respecto véase el Informe de la Comisión de Verdad y Reconciliación del Perú, "La masacre de Lucanamarca". Disponible en línea: http://www.cverdad.org.pe/ifinal/pdf/TOMO%20VII/Casos%20Ilustrativos-UIE/2.6.%20LUCANAMARCA.pdf

[123] Disponible en línea: www.america.gov/st/hr-spanish/2009/April/2009 0409155747DMsllahrelleK0.3311884.html

Bajo ese monumento están enterradas las 1.327 personas identificadas hasta 2009.[124]

11 de septiembre de 2001: murieron 2.992 personas y 24 permanecen desaparecidas como consecuencia del secuestro de cuatro aviones comerciales con sus pasajeros a bordo, por agentes de Al Qaeda, quienes los tripularon para estrellarlos contra el *World Trade Center* en Nueva York y el Pentágono. Los pasajeros del último avión resistieron y el aparato cayó en un terreno baldío y no en el objetivo previsto que era el Capitolio. No hubo sobrevivientes. Este acontecimiento inició la guerra contra el terrorismo.[125]

2 de mayo de 2002: aproximadamente 80 personas murieron (entre ellos 48 menores) luego de que guerrilleros de las FARC lanzaran un cilindro bomba contra la iglesia de Bellavista (casco urbano del municipio de Bojayá), donde la población se refugiaba durante un enfrentamiento con paramilitares de las Autodefensas Unidas de Colombia. La masacre ocasionó el desplazamiento de 5.771 personas a Quibdó.[126]

21 y el 22 de febrero de 2005: nueve militares y 60 miembros del bloque Héroes de Tolová de las Autodefensas Unidas de Colombia asesinaron a ocho campesinos en la Comunidad de Paz de San José de Apartadó, ajenos al conflicto armado, tras torturarlos y posteriormente desmembrarlos y enterrarlos en una fosa común. Entre ellos a tres niños de once, cinco y un año y nueve meses de edad. Los miembros de esa comunidad gozaban de medidas cautelares y provi-

---

[124] Disponible en línea: http://www.srebrenica-report.com/politics.htm; http://www.cafebabel.es/article/17474/sebrenica-en-el-recuerdo.html

[125] Al respecto véase el Archivo del *New York Times*. Disponible en línea: http://topics.nytimes.com/top/reference/timestopics/subjects/s/sept_11_2001/index.html?scp=1-spot&s

[126] Al respecto véase el Grupo de Memoria Histórica de la Comisión Nacional de Reparación y Reconciliación-CNRR. Disponible en línea: http://memoriahistorica-cnrr.org.co/s-informes/informe-9/

sionales impuestas al Estado colombiano por la Comisión Interamericana de Derechos Humanos.[127]

Los hechos de violencia y muerte mencionados en este breve resumen fueron de origen y motivación política y alteraron las relaciones sociales, la convivencia y la vida en las comunidades y naciones en los que tuvieron lugar. Esos sucesos dieron origen a conmemoraciones, a memoriales y sitios de memoria y a diversas formas de memoria política iniciadas por familiares de los muertos o miembros de las comunidades afectadas. El pasado ha sido fechado, recordado y conmemorado para *no olvidar* (a los muertos, lo vivido, las pérdidas, el miedo...).

Los sobrevivientes, los familiares de las víctimas y sus amigos y cercanos, declaran como postura ética (y política) *no olvidar*, invistiendo a la memoria de un sentido político y cultural que se asocia, según los casos, a la memoria de las víctimas, a la búsqueda de justicia, a la lucha por la paz, a la construcción y consolidación democrática. Se construye así una resistencia contra el olvido basada en la lealtad personal con los muertos y desaparecidos, pero también en la lealtad con sus creencias, ideas y valores y con las proyecciones políticas de sus ideas. Algunas memorias son *militantes*. Mantienen el sentido de la *causa* por la que esas personas entregaron la vida, pero casi todas las expresiones de memoria coinciden en declarar que se requiere *recordar* para asegurar que *nunca más* vuelva a ocurrir tanta muerte, tanto dolor y miedo, tantas pérdidas.

Sin embargo, históricamente la paz social y la estabilidad política se han procurado mediante el olvido jurídico en distintas épocas. Un ejemplo de esta visión se encuentra en el edicto de Nantes de 1598: "Que la memoria de todos

---

[127] Disponible en línea: www.dhcolombia.info/spip.php?article614

los acontecimientos ocurridos entre unos y otros tras el comienzo del mes de marzo de 1585 y durante los convulsos precedentes de los mismos, hasta nuestro advenimiento a la corona, queden disipados y asumidos como cosa no sucedida."[128]

El edicto decretaba borrar la memoria de los hechos asumiéndolos *como cosa no sucedida* para superar la conflictividad de sus consecuencias. En Chile, desde la independencia de España en 1818, las reconciliaciones políticas se han basado en *leyes de olvido*, es decir, en leyes de amnistía que han cubierto crímenes mayores y menores, después de los conflictos políticos.[129] En las transiciones políticas desde dictaduras a regímenes democráticos en América Latina se ha recurrido a las leyes de amnistía, desde el inicio. En los fundamentos de esas leyes suele afirmarse que el olvido del pasado asegura la paz del futuro y consolida la estabilidad alcanzada, considerando que la impunidad seguiría siendo un recurso eficaz para contener las consecuencias políticas de los conflictos como pretendía el edicto de Nantes. En muchos países ha prevalecido el argumento en favor de la impunidad, como fue el caso de Uruguay en 1989.[130] Se realizó un plebiscito, consultando sobre *la caducidad de la pretensión punitiva del Estado* con el fin de obtener la

---

[128]   Disponible en línea: http://palissy.humana.univ-nantes.fr/CETE/TXT/ EDN/index.html

[129]   Loveman, Brian y Lira, Elizabeth (1999), *Las suaves cenizas del olvido. La vía chilena de reconciliación política 1814- 1932*, Santiago, Chile, LOM-DIBAM (2a. edición en 2000); Loveman, Brian y Lira, Elizabeth (2000), *Las ardientes cenizas del olvido. La vía chilena de reconciliación política 1932-1994*, Santiago, Chile, LOM-DIBAM; Loveman, Brian y Lira, Elizabeth (2002), *El Espejismo de la Reconciliación Política. Chile 1990-2002*, Santiago, Chile, LOM-DIBAM, Universidad Alberto Hurtado.

[130]   Disponible en línea: http://www.parlamento.gub.uy/leyes/AccesoTextoLey. asp?Ley=15848&Anchor= Ley Nº 15.848 Funcionarios militares y policiales. Se reconoce que ha caducado el ejercicio de la pretensión punitiva del Estado respecto de los delitos cometidos hasta el 1º de marzo de 1985. (Promulgada 28 diciembre 1986 y plebiscitada el 16 de abril de 1989).

ratificación ciudadana de la vigencia de la ley de amnistía, la que se obtuvo por estrecho margen. Pero *el olvido* de ese pasado ha sido prácticamente imposible, como se aprecia en las iniciativas posteriores de verdad, memoria y justicia en ese país, que continúan manteniendo vivo el proceso social y político. Esa situación, como muchas otras, evidencia que el paso del tiempo, por sí mismo, no extingue la memoria de las víctimas, menos aun en tiempos en los que la tecnología de las comunicaciones permite revivir el pasado como si formara parte de las noticias del día de hoy.

La impunidad como fundamento de la paz social expresa una convicción que ha prevalecido por siglos, pero que se ha erosionado después de la Segunda Guerra Mundial. Desde el juicio de Nüremberg, de la Declaración Universal de los Derechos Humanos y de las iniciativas que han buscado garantizar internacionalmente la obligación de los Estados de respetar los derechos de sus ciudadanos.[131] Esta nueva visión se ha expresado en tratados y pactos internacionales que han reforzado el compromiso con el respeto de los derechos de las personas establecido en las constituciones y en las leyes de cada república.[132] De acuerdo a ello, los países han debido rendir cuentas a la comunidad internacional acerca del cumplimiento de esos compromisos. En algunos casos se han creado comisiones para investigar la situación de los derechos humanos en países en los que se ha denunciado su violación sistemática. Esa iniciativa ha sido una contribución relevante

---

[131] La Comisión de Derechos Humanos de Naciones Unidas (disponible en línea: http://www.un.org/es/rights/) para América Latina, la Comisión Interamericana de Derechos Humanos (disponible en línea: www.cidh.org) y la Corte Interamericana (disponible en línea: http://www.cidh.orghttp://www.corteidh.or.cr/)

[132] En relación con el Pacto de Derechos Civiles y Políticos, cada gobierno debe realizar un informe periódico acerca del cumplimiento del Pacto, ver por ejemplo: file:///F:/2009/CCPR/chile/CCPR.C.SR.1733.Sp.htm.

para lograr algunos resultados en cuanto al respeto de los derechos humanos y amplificar las denuncias más allá del ámbito local. Al fin de las dictaduras y regímenes de facto se han creado comisiones de la verdad para reconstituir lo sucedido e identificar y reparar a las víctimas. Se han dictado leyes de reparación inspiradas en los principios y mecanismos del sistema internacional y se ha trabajado arduamente por reducir la impunidad, buscando someter a la justicia en tribunales nacionales e internacionales a los violadores de derechos humanos.

No puede olvidarse que la reacción internacional ante el Holocausto, y ante la devastación humana de la represión política y de las guerras en distintos lugares del planeta, contribuyó a la instalación de esos mecanismos internacionales legales y políticos para impedir que estos sucesos se repitan. Al mismo tiempo, las distintas formas de memorialización y conmemoración originadas desde los familiares y desde los gobiernos buscaban difundir el conocimiento acerca de lo sucedido para promover el rechazo moral y político de los crímenes cometidos. Sin embargo, un análisis de las violaciones de derechos humanos en la segunda mitad del siglo XX muestra que las iniciativas internacionales no han logrado contener la ocurrencia de desastres humanos como los mencionados, aunque han tenido ciertos resultados en algunos conflictos, especialmente advirtiendo, vigilando y dando seguimiento a la situación de las víctimas. La preocupación internacional en el caso de Chile fue muy relevante. La Asamblea General de Naciones Unidas condenó anualmente al gobierno de Chile por las violaciones de derechos humanos y dio seguimiento a las denuncias durante los diecisiete años del régimen militar. De igual modo, la Comisión Interamericana de Derechos Humanos realizó cuatro informes sobre el estado de los derechos humanos en Chile bajo la dictadura militar. Ambas instancias incidieron sobre las actuaciones del régimen, que se vio forzado a responder sobre ellas.[133]

Las víctimas y sus familiares han exigido la verdad sobre los hechos; han denunciado una y otra vez lo ocurrido durante décadas, como puede observarse al analizar cada caso en particular, cualquiera sea el continente donde ocurrió y las circunstancias específicas. Su testimonio ha sido crucial para repudiar la violencia de un pasado abusivo y violento, para exigir de manera efectiva la responsabilización del Estado sobre los hechos que les afectaron y para mantener en el mediano y largo plazo las exigencias de justicia. Lo que sucede en España a casi 75 años de la guerra civil y a 35 años del fin del gobierno de Franco ilustra dramáticamente esta lucha por la justicia y la memoria mantenida a lo largo del tiempo.

En el marco de la *reconciliación política,* que suele ser declarada como el objetivo de las políticas de la *transición* (de gobiernos autoritarios, dictaduras, o regímenes militares a gobiernos elegidos democráticamente), las formulaciones y las políticas acerca de la verdad, la justicia, la reparación y la memoria dependen de condiciones locales de orden político y de correlaciones de fuerzas entre quienes gobernaron en el pasado y violaron los derechos de miles y las nuevas autoridades. De esta manera, las políticas suelen iniciarse en condiciones muy conflictivas y a veces frágiles y aunque se proponen para plazos acotados, se extienden en el tiempo, precisamente por el reclamo de las víctimas

---

[133] Vargas Viancos, María Carolina (1990), "El caso chileno en la Asamblea General y la Comisión de Derechos Humanos de la Organización de Naciones Unidas", en *Revista de Derechos Humanos. Número Especial,* abril de 1990, pp. 31-59; y Vargas Viancos, Juan Enrique (1990), "El caso chileno ante el Sistema Interamericano de Protección de los Derechos Humanos", en *Revista Chilena de Derechos Humanos. Número Especial,* abril de 1990, pp. 11-29. El número especial se denominó "El caso chileno ante la comunidad internacional", del Programa de Derechos Humanos, Universidad Academia de Humanismo Cristiano, núm. 12.

ante las insuficiencias percibidas en las respuestas de los gobiernos, especialmente cuando la impunidad de los victimarios se encuentra garantizada. En ese marco, es precisamente la *memoria* como proceso social (que implica evocar, reconstituir y condenar las violaciones de derechos humanos) la que da lugar a la reivindicación de otras visiones sobre los mismos hechos y actuaciones.

Los procesos de *memoria* expresan las divisiones políticas existentes y las visiones éticas y políticas en contradicción y conflicto, en especial cuando se pretende legitimar y justificar un pasado que muchos condenan al conocer lo efectivamente sucedido. Resulta inevitable que las iniciativas políticas sobre los procesos de verdad y memoria se enfrenten con las contradicciones, tensiones y pasiones de un pasado vivo, que obstaculiza considerar el olvido de lo sucedido como una alternativa disponible y eficaz para superar los conflictos del pasado.

Este trabajo examina la memoria como proceso político, distinguiendo y diferenciando conceptualmente la memoria individual, la memoria colectiva; proponiendo el análisis de algunos dilemas de la memoria política en la convivencia democrática en Chile. Se hace referencia a la construcción de la memoria política en un país como Chile, cuyo pasado histórico había privilegiado el olvido jurídico y la impunidad como fundamento de la paz, la reconciliación y la convivencia política desde los inicios de la república hasta la década de 1990.

Memoria individual

La memoria individual está al servicio de la supervivencia de cada ser humano. El contenido de la memoria se acrecienta de manera imperceptible a lo largo de la vida. Recordamos aquello que fijamos en la memoria, principalmente por su significado y su relación con otros asuntos que forman parte de los temas que nos interesan. Olvidamos gran parte de los sucesos de nuestra existencia que no se asociaron con otros elementos que los hicieran significativos y memorables. Podemos aprender de nuestras experiencias, comunicarlas y recibir la visión de los otros, reflexionar sobre ellas, analizarlas y resignificarlas, situarlas en otros contextos de sentido, generando nuevas asociaciones al evocarlas desde el recuerdo. Ese proceso suele describirse como *elaboración.* La evocación de nuestras experiencias puede resultar alegre, agradable, tranquilizadora o incómoda, abrumadora o intolerable... Podemos esforzarnos por recordar o rechazar y resistir el recuerdo, reprimirlo exitosamente y olvidar los episodios asociados a circunstancias que nos perturban. La memoria no es una imagen fija ni un texto literal que reproduce el pasado, sino una evocación bajo diferentes formas (pensamientos, sensaciones, imágenes, emociones) que lo redefinen, transforman y resignifican de manera cambiante que, al mismo tiempo, es constante y predecible, al enmarcarse en nuestra identidad y en la visión que tenemos de lo que somos y pensamos.

Lo que llamamos *memoria* es una síntesis, siempre personal, que se construye desde elementos que evocamos y que denominamos "recuerdos", cuya clave son las emociones. La vinculación emocional de los recuerdos a los hechos y experiencias que los originaron, es lo que los hace relevantes o irrelevantes en la vida de cada cual. Cada persona recordará el pasado como *su* pasado, es decir, como su propio registro sobre lo acontecido, el que, en algún momento, puede conectarse e identificarse con el registro de miles de personas que experimentaron emociones y sentimientos semejantes ante las mismas experiencias. Todo relato sobre nuestro pasado se reconstituye desde las significaciones que adquiere desde la mirada del presente.

En los seres humanos, el olvido masivo y la imposibilidad de olvidar son manifestaciones del impacto traumático de acontecimientos que fueron percibidos como una amenaza insuperable a la propia existencia o al sentido de ella. La experiencia de indefensión y desamparo ante una amenaza vital inesperada y aplastante se constituye en trauma al percibir que podría conducir a la muerte física o a una pérdida de los elementos que constituyen el sentido de la propia vida, percibiendo que los recursos del sujeto para protegerse han colapsado, experimentando la aniquilación como inminente. La reacción inicial se caracteriza por una angustia incontrolable que deja memorias indelebles y, al mismo tiempo, vacíos de memoria sobre lo sucedido. El sujeto se desdobla. Una parte de sí mismo sobrevive de alguna manera y la otra parte se paraliza y sucumbe.[134] La reorganización psíquica al trauma incorpora la disociación como una defensa eficiente para la supervivencia en esos momentos. También incorpora los fragmentos recordados, aunque el movimiento principal puede aparecer como una supresión de la memoria.

La memoria traumática es aquella que se hace omnipresente y que vuelve sobre el acontecimiento de manera intrusiva e incontrolable. Ha sido descrita y entendida como expresión de los intentos de elaboración para recuperar el control sobre la propia vida y la experiencia de casi muerte que se ha sobrevivido. Los síntomas pueden ser entendidos como manifestaciones del padecimiento y del intento de superar el circuito instalado por el trauma al interior del psiquismo.

El olvido traumático es el que se impone mediante la supresión de la memoria a partir de la paralización inicial. El

---

[134] Esta conceptualización fue desarrollada inicialmente por Sandor Ferenczi. Para más detalles ver *Le traumatisme*, París, Francia, Editions Payot & Rivages, 2006.

encapsulamiento de la experiencia, haciéndola inaccesible a la conciencia, en muchos casos, permite la continuidad de la vida, pero suele ser imperfecto y puede filtrar como síntoma, especialmente como malestar y angustia. La exclusión del trauma de la vida presente e incluso de los vestigios de que tuvo lugar suele mantenerse con muchos costos emocionales y existenciales. Esta somera revisión permite identificar algunos de los procesos psíquicos de la memoria con el fin de diferenciar los procesos individuales y colectivos, especificando el ámbito de la memoria política, ligado a los efectos del poder y la violencia.

Memoria colectiva

Los desastres, tales como las consecuencias de la erupción de volcanes, de los terremotos, huracanes y tifones, aluviones, inundaciones y tsunamis, suelen tener efectos traumáticos sobre las personas que resultan damnificadas, muchas de las cuales experimentan enormes pérdidas, entre ellas, la pérdida de familiares, de los medios de trabajo, de la vivienda y particularmente de la seguridad y continuidad de la vida, a causa de las circunstancias azarosas e imprevisibles del desastre, que instalan vivencias catastróficas de desamparo, inermidad ante el riesgo vital. Las pérdidas materiales pueden ser totales. La experiencia puede ser inolvidable precisamente por la enormidad de sus efectos en lo material, social y personal.

Las situaciones de este tipo suelen tener gran cobertura de prensa y televisión, más allá del mundo cercano y próximo de los afectados, generándose respuestas solidarias ante las emergencias y aunque las respuestas institucionales puedan tener grandes limitaciones, se trata de una situación que es reconocida y publicitada, generando un reconocimiento oficial de los hechos, de sus efectos y por tanto, generando expresiones de solidaridad con las víctimas, por parte de todos los sectores, incluidos los gobiernos, iglesias, asociaciones diversas e instancias internacionales.

La cobertura de prensa suele exponer y reflejar la experiencia de las víctimas en un espacio social que se hace cargo de su condición de víctimas de manera casi siempre unánime. Esos eventos suelen ser publicitados por ser momentos de devastación inusitados. La magnitud del daño, la solidaridad concitada, la imposibilidad de la reconstrucción en el mismo lugar u otros aspectos materiales o sociales que los pueden caracterizar los hacen memorables más allá de las víctimas. Todos los esfuerzos se dirigen a la reconstrucción de las condiciones de vida de los damnificados y los apoyos se concentran en la emergencia para resolver los problemas suscitados. Los efectos traumáticos no siempre reciben una atención adecuada, pero indudablemente el reconocimiento público de lo sucedido y las expresiones de solidaridad recibidas juegan un rol importante en el ámbito individual y colectivo, así como lo juega la ayuda efectiva. La memoria de lo sucedido se conserva como bagaje común y compartido con otros miles de personas, sin mayores controversias ni contradicciones.

Las atribuciones de responsabilidad sobre acciones de rescate u otro tipo de intervenciones posteriores no modifican la percepción de que el desastre es resultado de situaciones y procesos sobre los cuales los seres humanos no tienen control alguno. De este modo, la condición de víctima es el resultado de una desgracia que afecta a todos los habitantes de un lugar, casi de la misma a forma, aunque aun en esas condiciones pueden encontrarse diferencias sociales y personales en el impacto de la situación. En Chile hay numerosas experiencias de terremotos, erupción de volcanes, inundaciones, aluviones e incendios forestales que han obligado a los habitantes a dejar sus viviendas destruidas y a reempezar en otro lugar, pero ha hecho gran diferencia la expresión de la solidaridad y de las ayudas organizadas por el gobierno, que implican efectivamente resolver la instalación material para la mayoría de los afectados.[135] El recuerdo y la memoria sobre estas experiencias nunca se diluyen del todo, pero pareciera que las acciones de reconocimiento, ayuda y solidaridad oportunas contribuyen a modificar la percepción aguda de desamparo e inermidad, aspectos que inciden fuertemente en la mantención de una memoria penosa. No obstante, siempre hay un cierto número de personas traumatizadas que no superarán la experiencia sin ayuda profesional.

Memoria política

La memoria política (y las políticas de olvido) forma parte de las estrategias para enfrentar las consecuencias de conflictos políticos y establecer condiciones para recuperar la convivencia y la paz social.

Las políticas de exterminio en el marco de guerras o fuera de ellas, han causado cataclismos humanos durante el siglo XX, como los mencionados al inicio a modo de ejemplo, causando un número incontable de víctimas.[136] Las guerras mundiales produjeron millones de muertos y grandes cambios políticos que dieron origen a la Guerra Fría, que duró más de la mitad del siglo. En el contexto de la Guerra Fría, en América Latina, gobiernos de facto y dictaduras militares serían responsables de cientos de miles

---

[135] Disponible en línea: www.onemi.cl/index.php?option=com_content&task=blogcategory&id=12&Itemid=28

[136] Ver, por ejemplo, sobre los campos de concentración en la antigua Yugoslavia durante la Segunda Guerra Mundial: http://www.jasenovac.org/; el exterminio de cerca de dos millones de personas desde 1975 realizado por el régimen de Pol Pot en Cambodia: http://www.edwebproject.org/sideshow/index.html

de presos y torturados, de miles de muertos y desaparecidos. En África, la resistencia a los regímenes coloniales generaría como respuesta las formas más crueles de tortura y muerte en nombre de la seguridad nacional.

Los conflictos producen polarización y división de la sociedad, y cada sector busca prevalecer sobre los otros; pero en este proceso la polarización se expresa no solamente en la contraposición de las ideas políticas sino también en las actitudes y relaciones entre las personas, atribuyéndose acciones e intenciones de agresión y definiéndose recíprocamente como enemigos. Cuando la definición del conflicto implica que la vida de unos depende de la muerte de los otros, el desenlace termina en confrontaciones bélicas, regímenes de fuerza y formas de represión y exterminio de quienes han sido catalogados como enemigos y despojados de su condición humana. Se observa que la violencia política puede ser percibida como *legítima* cuando sus destinatarios han sido deshumanizados y el poder de dar muerte se justifica en nombre del bien común.

Durante la Guerra Fría, la bipolaridad política mundial definió a los enemigos de acuerdo a su ubicación ideológica y geopolítica, extendiéndose la noción de enemigos en todos los ámbitos de la vida social, especialmente bajo las dictaduras y regímenes de terrorismo de Estado. Regularmente la persecución y el exterminio de los *enemigos* se han justificado en nombre del bien común, manteniéndose la polarización y la estigmatización, incluso después de sus muertes.

En Chile, la memoria política sobre el pasado está relacionada al periodo del régimen militar (1973-1990), es decir, a un pasado reciente, y también a un pasado remoto, el de las luchas sociales del siglo XIX y del siglo XX. Ha sido principalmente una memoria de la represión política, de la muerte y la tragedia que afectó a hombres y mujeres que lucharon por mejores condiciones laborales, económicas y políticas, especialmente en las minas del carbón, en las faenas salitreras y en el campo. Inicialmente, las movilizaciones de trabajadores buscaban mejorar sus condiciones salariales y laborales. Pero la creación y el desarrollo de las organizaciones sindicales y de los partidos políticos durante el siglo XX vincularon progresivamente las reivindicaciones laborales a la disputa política. Los partidos políticos que sostenían ideologías antisistema (comunistas y anarquistas) fueron reprimidos regularmente. Sus miembros eran calificados de *enemigos* de la sociedad, y sus ideas, de *amenazas* a la seguridad interior del Estado y a la estabilidad de la administración en el poder. El Poder Ejecutivo decretaba estados de excepción constitucional y se suspendían los derechos individuales. Para restablecer *el orden* se aplicaban las disposiciones de seguridad interior del Estado, reprimiendo drásticamente a los huelguistas y manifestantes. Habitualmente se tendía a culpar a los dirigentes de esos grupos calificándolos de *provocadores y agitadores*, quienes en muchos casos eran procesados por haber llamado a la huelga, pero no se enjuiciaba a los responsables de las masacres con las que se ponía fin al movimiento.

Ese fue el caso de la matanza de la escuela Santa María de Iquique ocurrida el 21 de diciembre de 1907. Los dirigentes de la huelga fueron sentenciados por haber atentado contra la seguridad del Estado a once años de cárcel. Los autores intelectuales y materiales de la matanza de cientos de huelguistas no recibieron ni siquiera un reproche social efectivo de otros sectores de la sociedad. Las demandas por el reconocimiento de derechos transformaba a los trabajadores en paro en *subversivos,* y la autoridad ejercía *el deber* de reprimirlos. Entre muchos otros ejemplos se puede mencionar lo ocurrido en 1957, con ocasión de las protestas sociales por el alza del precio del transporte urbano en Valparaíso y Santiago. Se decretó el estado de sitio en Santiago el 2 de abril de 1957 y la autoridad militar a cargo de la zona proclamó:

> Para mantener el orden público, que es mi primer deber, advierto a la ciudadanía que el Gobierno adoptará todas las medidas a que las circunstancias obliguen, por dolorosas que ellas sean [...] Tienen las armas que necesitan para ello: fusiles, ametralladoras y cañones. Se emplearán para poner fin a la obra vandálica de los malvados que pretenden producir el caos y la anarquía.[137]

No era infrecuente que esos movimientos consiguieran algunas mejoras en las remuneraciones o en las condiciones laborales, o que se lograra impedir transitoriamente la aplicación de nuevas tarifas en servicios básicos. También solían obtener que se otorgara alguna *concesión* jurídica como parte de las negociaciones para restablecer *la paz* en las faenas. Pero con cierta frecuencia, el conflicto terminaba con la detención y procesamiento judicial de los dirigentes, quienes además de ser despedidos de su trabajo, eran condenados a presidio y relegación a otras localidades, casi siempre procesados bajo las disposiciones de seguridad interior del Estado. En algunas faenas mineras y en la agricultura, el despido implicaba, asimismo, la expulsión de la vivienda y de la localidad.

En muchos casos la violencia represiva tuvo resultados de muerte. Ante la conmoción pública causada por los muertos y heridos se efectuaban denuncias en la prensa y en el Congreso culpando al gobierno. En algunos casos se nombraron comisiones investigadoras especiales en el Senado con el fin de esclarecer los hechos e identificar a los implicados y los responsables. Inicialmente, las investigaciones judiciales quedaban radicadas en los tribunales

---

[137]   Ver en Gamboa, Horario (1962), *En la ruta del 2 de abril*, segunda edición, Santiago, Chile, s/e, pp. 161-163.

militares debido a la intervención de carabineros o del Ejército en los hechos. En muchos casos los responsables fueron identificados, pero casi siempre la acción de la justicia era interrumpida por leyes de amnistías. El olvido jurídico y la impunidad se instalaban como fundamento de la paz social.

Durante el siglo XX, la memoria social fue principalmente una memoria de las tragedias asociadas a las luchas sociales y sindicales en el norte y en el sur del país. El interés historiográfico en estos hechos ha permitido recuperar parte de esas historias, proporcionando el contexto histórico y político de esos sucesos. En la mayoría de los casos los hechos se reconstruyeron sobre la base de las denuncias en la prensa y en el Congreso y las memorias de los sobrevivientes. No obstante, tal vez la mayor difusión de la memoria sobre esas luchas sociales se produjo a través del *Canto General,* obra poética de Pablo Neruda publicada en 1950. El tema de esta obra fue la historia de América y la historia de Chile, incluyendo la violencia y la represión política en distintos tiempos. En el poema "Las masacres" del *Canto General* reflexiona sobre el pasado y describe las consecuencias de la represión política:

> Pero entonces la sangre fue escondida
> detrás de las raíces, fue lavada
> y negada
> (fue tan lejos), la lluvia del Sur la borró
> de la tierra
> (tan lejos fue), el salitre la devoró en la
> pampa:
> y la muerte del pueblo fue como siempre
> ha sido:
> como si no muriera nadie, nada,
> como si fueran piedras las que caen
> sobre la tierra, o agua sobre el agua.

> De Norte a Sur, adonde trituraron
> o quemaron los muertos,
> fueron en las tinieblas sepultados,
> o en la noche quemados en silencio,
> acumulados en un pique
> o escupidos al mar sus huesos:
> nadie sabe dónde están ahora,
> no tienen tumba, están dispersos
> en las raíces de la patria
> sus martirizados dedos:
> sus fusilados corazones:
> la sonrisa de los chilenos:
> los valerosos de la pampa:
> los capitanes del silencio. [...][138]

Esta memoria ha sido un patrimonio trágico y al mismo tiempo una de las fuentes de la identidad de la izquierda chilena durante décadas, alimentando sus reivindicaciones sociales y sus demandas políticas. En 1970, la coalición política de la Unidad Popular, formada por varios partidos de la izquierda chilena, llevó al poder al socialista Salvador Allende. El gobierno de la Unidad Popular sucumbió a la conspiración interna e internacional y fue derrocado en 1973.[139] Las Fuerzas Armadas ocuparon el país y se instaló una junta militar presidida por el comandante en jefe del Ejército, el general Augusto Pinochet. Salvador Allende murió en el palacio de La Moneda y se inició la persecución en contra de los miembros del gobierno y sus partidarios. El régimen militar duró hasta 1990. Las cifras que dan cuenta de la represión ejercida están aún en construcción, identificándose hasta ahora cerca de 3.500 muertos y desaparecidos, más de 200.000 exiliados, decenas de miles de presos y torturados, exonerados políticos, y personas y

---

[138]   Se puede ver la versión completa en: www.neruda.uchile.cl/obra/obra-cantogeneral30.HTML

[139]   Para más información se puede consultar: http://www.bcn.cl/biblio-digital/pbcn/bibliografias/estudios_pdf_bibliografias/611.pdf

familias que fueron afectadas por la represión política de la época en sus condiciones de vida y de trabajo.[140]

El golpe militar produjo una ruptura de la convivencia nacional vivida como un cataclismo para cientos de miles de personas. La polarización política dio lugar a la violencia y el miedo, cruzando las vidas de las personas y las relaciones sociales y políticas. El conflicto social en pocas horas se transformó en una guerra, de acuerdo a la definición de las nuevas autoridades. Se implementaron operaciones de guerra psicológica, como lo fue el Plan Z, entre otras, para moldear una opinión pública favorable al derrocamiento del gobierno de la Unidad Popular, apoyar el golpe y al gobierno de facto.[141] Estaban destinadas, además, a justificar las violaciones de derechos humanos que se produjeron en gran escala y que como política contradecía los valores morales, cívicos e incluso religiosos de la mayoría de los chilenos. Las versiones oficiales se sostuvieron gracias a la desinformación sistemática y a la censura, así como a la manipulación de las expectativas y temores de la población.[142]

La resistencia contra la dictadura militar se manifestó en diversos ámbitos de la vida nacional: la defensa legal y social de las víctimas en organismos de iglesias y de derechos humanos, mediante la denuncia de los atropellos en los tribunales de justicia efectuadas por las víctimas y sus abogados; la reorganización y acción de organizaciones sociales, gremiales, sindicales y políticas; la solidaridad interna e internacional; las expresiones culturales en diversos ámbitos denunciando lo que ocurría y proclamando

---

[140] Ver de Elizabeth Lira y Brian Loveman (2005), *Políticas de Reparación Chile: 1990-2004*, Santiago, Chile, LOM-DIBAM / Universidad Alberto Hurtado.

[141] Disponible en línea: http://www.derechoschile.com/espanol/crono.htm

[142] Disponible en línea: https://www.cia.gov/library/reports/general-reports-1/chile/index.html#6

los valores y esperanzas para resistir los abusos y construir el futuro.[143] La memoria sobre este pasado se condensa en algunas imágenes: el palacio de La Moneda bombardeado y en llamas; los miles de prisioneros detenidos en los estadios y en los regimientos; la ocupación militar del país. Hoy día se manifiesta en un conjunto de acciones de memoria realizadas con el propósito de que *nunca más* se repitan acciones como aquellas.[144]

Dilemas de la memoria política y el olvido jurídico

La necesidad de resolver los conflictos políticos y crear condiciones para la vida en paz ha formado parte de la historia de los pueblos y de la supervivencia humana. Las estrategias han sido variadas. En la historia republicana de

---

[143] La defensa de las víctimas fue organizada en el Comité de Cooperación para la Paz (1973-1975) formado por algunas iglesias con el apoyo de organismos internacionales tales como el Consejo Mundial de Iglesias y otros. Ver Orellana, Patricio y Quay Hutchinson, Elizabeth (1991), *El movimiento de Derechos Humanos en Chile, 1973-1990*, Santiago, Chile, Centro de Estudios Políticos Latinoamericanos Simón Bolívar (CEPLA). Ver también de Pamela Lowden (1995), *Moral Opposition to Authoritarian Rule in Chile, 1973-90*, New Hampshire, Estados Unidos, Macmillan Press; María Eliana Vega (1999), Agrupación de Familiares de Detenidos Desaparecidos-Región del Bío Bío y Departamento de Pastoral Obrera del Arzobispado de Concepción, *No hay dolor inútil*, Concepción, Chile; Mario Garcés y Nancy Nicholls (2005), *Para una historia de los Derechos Humanos en Chile: historia institucional de la Fundación de Ayuda Social de las iglesias Cristianas FASIC, 1975-1991*, Santiago, LOM y Fundación de Ayuda Social de las Iglesias Cristianas; y de Charles Harper (2007), *El acompañamiento. La acción ecuménica a favor de los derechos humanos en América Latina: 1970-1990*, Montevideo, Uruguay, Coedición Consejo Mundial de Iglesias y Ediciones Trilce. Ver también: http://www.codepu.cl/

[144] Ver más detalles en "Chile: dilemas de la memoria política", en Guixé Coromines, Jordi e Iniesta, Montserrat (2009), *Políticas Públicas de la Memoria*, I Coloquio Internacional Memorial Demócratic, Barcelona, España, Editorial Milenio y Memorial Demócratic, pp. 39-83.

Chile, las amnistías aseguraban el olvido jurídico con el fin de clausurar el pasado en nombre de la paz y la reconciliación política. Esa estrategia ha cruzado generaciones sin ser cuestionada, llegando a formar parte de las prácticas culturales habituales. Aun en los casos en que se hizo un esfuerzo por pensar el pasado *haciendo memoria* sobre lo ocurrido, la tendencia predominante apuntaba a hacer prevalecer el olvido y la impunidad, como condiciones de la paz social. Por otra parte, las expresiones *correr el velo del olvido*, o *echarle tierra* a un asunto daban cuenta de las estrategias utilizadas para invisibilizar el conflicto o funcionar *como si* no hubiera tal problema. No se ha tratado de olvidar, en un sentido literal. Se ha tratado de *no recordar*, es decir, de no cobrar públicamente las deudas del pasado, actuando como si el conflicto no hubiera existido y tampoco el acuerdo explícito o implícito de olvidarlo.

Al desaparecer la Unión Soviética y el bloque de países socialistas, la justificación de la represión política en América Latina, ocurrida en el marco de la Guerra Fría, fue perdiendo relevancia y sentido para las nuevas generaciones. Los sectores que ejercieron esa represión han reafirmado que el comunismo internacional amenazaba con la disolución de la patria forzándolos a una intervención no buscada ni deseada. Sin embargo, la memoria épica sobre la *salvación de la patria* no ha resistido la difusión pública de los procesos y sentencias judiciales por violaciones de derechos humanos ni la difusión de las historias de las víctimas. Tampoco le ha sido favorable la difusión de los archivos secretos de los Estados Unidos con relación a su intervención en los asuntos políticos de Chile (y en otros países).[145] Las expectativas eran otras. Se esperaba cerrar el pasado con la amnistía de 1978, el Decreto Ley 2.191, y ampliar su cobertura hasta

---

[145]   Disponible en línea: http://www.gwu.edu/~nsarchiv/latin_america/ chile.htm

1990. Nada de eso se produjo y el país se ha enfrentado a las investigaciones judiciales, a la verdad de la desaparición y de las muertes al margen de la ley y a las denuncias de la práctica de la tortura en decenas de miles de personas.

La disputa sobre el pasado, desplegada en los últimos 35 años, ha sido una disputa por la memoria que ha de prevalecer. La disputa se ha producido en la selección de los hechos y de las interpretaciones, y en el intento de darle una racionalidad y una justificación plausible que pudiera identificarse con el bien común. Pero las *memorias* en la sociedad no se anclan en la *objetividad de los hechos*. Resuenan en las intensas emociones vividas asociadas a esos hechos..., en los miedos y las angustias invasoras..., en la imposibilidad de poner palabras a lo vivido, en el vacío de las pérdidas, en los duelos imposibles. La disputa se ha producido también en espacios públicos y privados; surge en el trabajo de periodistas, escritores, poetas, historiadores, analistas políticos, abogados, obispos, profesores, parlamentarios, jueces, protagonistas, víctimas. Se reproduce en las conversaciones de las familias, en los recuerdos de las abuelas y abuelos que cuentan a sus nietas y nietos sus vidas y sus sueños, pero a veces también sus angustias y miedos o bien se archivan en lo profundo de cada uno, como le ha ocurrido a muchos, que no encuentran palabras para comunicar sus sentimientos.

La manera como la información o las comunicaciones personales se constituyen en memoria política, más allá de la noticia, de la información oficial o de las políticas implementadas, muestra también que durante la extrema polarización del conflicto político, las vidas personales fueron atrapadas en una dinámica que traspasó lo privado, cruzó lo público y se devolvió sobre los cuerpos individuales marcándolos con la muerte y la tortura, en nombre de la patria, sin distinciones de ningún tipo, excepto el signo ideológico que los convirtió en enemigos. Esta relación indisociable de lo privado y lo público en los actos de represión política coloca un obstáculo insoluble al olvido en términos jurídicos y políticos, y plantea requerimientos complejos a la memoria política. A su vez, los procesos judiciales sobre casos de violaciones de derechos humanos han instalado un hecho nuevo en la convivencia política chilena: la responsabilización de las autoridades (de distintas jerarquías) por los actos de muerte y abusos cometidos en contra de los ciudadanos, especialmente aquellos calificados como delitos contra la humanidad: la tortura y la desaparición forzada.

Estas contradicciones y disputas, desde el fin de la dictadura militar en 1990 hasta el presente, han formado parte de los esfuerzos por construir la convivencia democrática posdictadura. En distintos ámbitos se ha disputado si el fundamento de esa convivencia se fundaría en la más amplia impunidad sobre los crímenes pasados o se mantendrían los esfuerzos para exigir las responsabilidades políticas y penales por las violaciones de derechos humanos. Hasta el presente, los resultados de los procesos judiciales, especialmente las sentencias en casos de detenidos desaparecidos y ejecutados políticos han modificado la modalidad histórica de impunidad como fundamento de la convivencia política. En dichos procesos se ha ido estableciendo la responsabilidad criminal de autoridades políticas y militares en el exterminio de personas en razón de sus ideas o actuaciones políticas durante el régimen militar. La verdad ha sido detallada a lo largo de numerosos testimonios y pruebas documentales que han concluido en la condena de los responsables. La memoria institucional de los procesos judiciales constituye uno de los acervos documentales más importantes para la historia y la memoria de lo sucedido.[146]

____

[146] No obstante, siempre es posible que estas condenas sean suspendidas por razones políticas o humanitarias, ya que los responsables conde-

Los procesos de justicia, verdad, reparación y memoria se han desplegado precisamente desde el cuestionamiento de las creencias y convicciones históricas acerca de la convivencia política y especialmente de los supuestos sobre las reconciliaciones políticas. Sin embargo, no se debe olvidar que en cada país las transiciones han desarrollado modalidades específicas de reconstrucción de la convivencia política, de acuerdo a su historia, sus tradiciones, según la naturaleza del conflicto y su incidencia en la vida cotidiana de esa sociedad, pero también de acuerdo al consenso social y político posible para enfrentar el pasado.[147]

Para que *nunca más*

La expresión *nunca más* se repite como un exorcismo y se asocia a la memoria política. Se trata de asegurar que nunca más se repitan los abusos derivados del conflicto, especialmente la violación sistemática de los derechos humanos como parte de una política estatal. Este *nunca más* se asocia con frecuencia también a la expresión *recordar para no repetir*, afirmación, familiar al saber psicoanalítico, que fundamenta la urgencia de examinar y reflexionar sobre el pasado para proponer cambios en aquello que puede reproducir y activar el conflicto. Sugiere recuperar la memoria sobre el pasado conflictivo y sus consecuencias, esperando que la comprensión del proceso y sus implicaciones pueda producir un cambio en las percepciones, en las conductas, en las emociones y, por tanto, en las relaciones

---

nados han llegado a la vejez y en muchos casos padecen de demencia senil que los inhabilita para cumplir la pena.

[147] Véase al respecto el Real Decreto 1.891/2004, de 10 de septiembre, por el que se crea la Comisión Interministerial para el estudio de la situación de las víctimas de la Guerra Civil y del franquismo. Disponible en línea: http://noticias.juridicas.com/base_datos/Admin/rd1891-2004.html#

sociales de la comunidad en la que se produjo la violencia. Pareciera existir la expectativa de que el conocimiento de la violencia represiva y sus consecuencias, generaría una reacción de indignación moral ante la crueldad y ese sería el motor de una decisión política y moral de *no repetir*, de un *nunca más* haciendo una analogía sugerente, aunque a veces excesiva, con los procesos psíquicos individuales.[148]

Subyace a esta formulación la noción de que la recuperación y la elaboración del conflicto posibilitarían cerrar el pasado sin cuentas pendientes. Para ello sería necesario rastrear las raíces del conflicto, examinar y eventualmente modificar en el presente todo aquello que lo originó, que le ha mantenido vivo y que podría contribuir a su reproducción y reactivación. Es decir, implementar políticas de verdad, justicia y reparación de las víctimas y reformas legales, políticas, sociales y culturales que impidieran efectivamente esa repetición. A ello se agregaría una política de memoria que enfatizara educar sobre las lecciones de ese pasado, basando la formación cívica en el respeto de los derechos humanos.

En la práctica, en muchos países, la política de memoria posterior a conflictos políticos de mayor o menor envergadura ha significado concentrar los esfuerzos en el registro de las consecuencias humanas, sociales y colectivas del conflicto y de la represión política, y en las luchas por construir o reconstruir procesos democráticos. El énfasis en la verdad como fundamento de la reparación y de la memoria ha dado un lugar prominente a las víctimas, sus familiares y sus organizaciones. Ejemplo de ello es la institución Memoria Abierta en Argentina, que se ha

---

[148]   Asociación Psicoanalítica Argentina (1986), *Argentina, Psicoanálisis, Represión política*, Buenos Aires, Argentina, Lombardi de Kargieman. Este documento publicitado poco después del fin de la dictadura militar constituye una contribución para pensar las políticas de la transición y en particular las políticas necesarias para hacerse cargo del pasado represivo.

definido como una acción coordinada de organizaciones argentinas de derechos humanos cuyo objetivo es trabajar para aumentar el nivel de información y conciencia social sobre el terrorismo de Estado y para enriquecer la cultura democrática. Uno de sus objetivos es lograr que todo registro de lo ocurrido durante la última dictadura militar y sus consecuencias sea accesible y sirva a los fines de la investigación y educación de las futuras generaciones.[149]

Las acciones de memorialización, en esa iniciativa como en muchas otras, tienen el propósito de sensibilizar a la sociedad acerca de lo ocurrido, y se basan en la recuperación de los testimonios de las víctimas, generando formas de conmemoración, creando monumentos y sitios de memoria llamados *sitios de conciencia,* para rescatar la memoria de sus muertes, y en algunos casos, también el sentido de sus vidas y de sus luchas. Casi siempre se mantiene la denuncia de las formas en que encontraron la muerte debido principalmente a que, en la mayoría de los casos, las víctimas fueron asesinadas por agentes del Estado en nombre del bien común de la patria, arrogándose el poder de dar muerte al margen de la ley y de todo derecho. Esta memoria tiene todavía un fuerte componente de denuncia, a pesar de que han pasado décadas desde que se cometieron los crímenes, esperando que esa denuncia pudiera conmover y cambiar la visión de las personas y la comunidad respecto a ese pasado y de esa manera asegurar *que no se repita.*

El deber de memoria y la memoria como un derecho

La memoria en el marco de políticas oficiales de memoria y de conmemoraciones como una dimensión de la vida política con posterioridad a un conflicto juega un rol

---

[149]   Disponible en línea: http://www.memoriaabierta.org.ar

en la convivencia política. También lo juega la memoria surgida desde las emociones y significados que tiene para las personas, las familias o una comunidad, determinados sucesos o acontecimientos que pueden ser reconocidos como hechos históricos y como memorias de esa comunidad, aunque se suelen recordar casi siempre sólo los agravios y las pérdidas. Como se ha dicho, la mayor parte de esos conflictos condujo a formas de olvido jurídico y amnistías muy inclusivas. No obstante, aunque se hubiesen dictado amnistías para muchos episodios de muertes y masacres en diversas latitudes, éstos son conmemorados año tras año por los sobrevivientes y sus familiares y miembros de la comunidad, expresando los sentimientos de duelo por la pérdida de esos seres queridos y demostrando que el olvido jurídico no es amnesia, es decir, ese trastorno de la memoria que deshace los vínculos con el recuerdo, haciendo imposible recuperar la experiencia del pasado.[150]

En la trayectoria de los familiares de las víctimas (denuncia, manifestaciones públicas, acciones judiciales) aparecen expresiones de lealtad y responsabilidad en relación con las víctimas, asumidas como un deber moral. Se trata de los familiares que buscan a sus desaparecidos, o que exigen los restos de sus familiares asesinados, o que denuncian las torturas de sus familiares y luchan por su liberación. Las acciones son una expresión del vínculo con la víctima, y al mismo tiempo, afirman las propias convicciones y valores, el sentido de las luchas, el costo de las pérdidas y la necesidad de trascender al momento amargo de la muerte, la incertidumbre y el dolor.[151]

---

[150] Las claves de la memoria ya no existen y la única manera posible de recuperar el pasado sería reinventarlo y nombrar todo de nuevo, como sugiere Gabriel García Márquez en *Cien años de soledad*. Disponible en línea: http://www.eltutordebangkok.com/music/books/Soledad.pdf

[151] Ver Silva Arévalo, Eduardo (2003), "Honrar la memoria de Chile. El deber de la memoria y la lucha contra el olvido", en *Mensaje*, núm. 521,

El *deber de memoria* se funda en la lealtad y en los afectos con las víctimas, pero es también expresión de una responsabilidad social hacia la comunidad humana global, publicitando el conocimiento de esa violencia y sus efectos, y convocando a que nunca más se repita. Estos propósitos se encuentran en las iniciativas de memorialización y sitios de memoria en varios países. Un ejemplo de ello en Chile es la creación del *Parque por la Paz Villa Grimaldi* en la Región Metropolitana, en la ciudad de Santiago. El recinto fue un recinto secreto, por años semiclandestino, de la DINA (Dirección de Inteligencia Nacional, 1974-1977). Más de veinte años después se formó una corporación dedicada a reconocer como sitio de memoria el recinto de Villa Grimaldi, ex *Cuartel Terranova* como *un lugar de memoria con la finalidad de promover y defender los Derechos Humanos al interior de la sociedad chilena y la recuperación de la memoria histórica del lugar.* Su objetivo ha sido desarrollar una cultura por la paz, mantener la búsqueda de justicia y la dignificación de las víctimas, vinculado al lugar donde se cometieron abusos y violaciones de los derechos humanos.[152]

El deber de memoria fue explicitado en los escritos de Primo Levi, sobreviviente del genocidio nazi, interpretando ese deber en función de las lealtades de los vivos con *sus* muertos. Se inscribe en una visión valórica de las relaciones sociales basada en el respeto al otro, en su individualidad y diversidad, y en la esperanza de que la memoria contribuirá a erradicar la crueldad y el abuso por motivos políticos.[153] Esta visión se manifiesta principalmente en las acciones de memoria en relación con las víctimas, como por ejemplo

---

agosto de 2003, pp. 44-48.

[152]   Disponible en línea: http://www.sitesofconscience.org/sitios/villa-grimaldi/es/

[153]   Levi, Primo (2006), *Deber de memoria,* Buenos Aires, Argentina, Libros de Zorzal.

la búsqueda de los detenidos desaparecidos, en la conmemoración de su ausencia, en las acciones públicas hasta lograr identificar sus restos y conocer su destino final. Los procesos de memoria surgidos desde los vínculos con las víctimas han existido a lo largo y ancho del planeta; su persistencia a lo largo del tiempo surge desde la fuerza de su legitimidad moral y afectiva, en América Latina como en otras latitudes. Así ha ocurrido con los familiares de muertos y desaparecidos durante la guerra civil española y durante el franquismo, con familiares de los desaparecidos de la antigua Yugoslavia o del estalinismo.[154]

La construcción de una memoria democrática, de una memoria al servicio de la democracia, de un proceso de memoria basado en la reconstrucción de la historia y la memoria de la lucha por la democracia, de la resistencia política a la opresión y de la construcción democrática, funda su legitimidad en un eje complementario del anterior, puesto que las historias individuales y los testimonios de las víctimas definen el sentido ético de la memoria política, tal como se ha analizado hasta el momento. El *memorial democrático de Cataluña* es una expresión concreta de esta visión. Se trata de construir la memoria en relación con un pasado conflictivo que incluye la república, la guerra civil, la dictadura de Francisco Franco, la transición y la democracia, tropezando con amnistías y amnesias políticas en diversos momentos de los últimos setenta años.

La propuesta catalana afirma que la memoria es un derecho. A partir de esa visión (y convicción), diversos grupos desde la sociedad civil se propusieron fundar una política pública sobre la memoria. Argumentando *el derecho a la*

---

[154] Véase, disponible en línea: http://www.memoriahistorica.org/index. php. También Merridale, Catherine (2000), *Night of Stone. Death and Memory in Twentieth-Century Russia*, Nueva York, Estados Unidos, Penguin Books.

memoria política han apelado a la expresión de los valores de la lucha democrática como patrimonio cultural para la democracia y la gobernabilidad. La propuesta de Memorial Democrático de Cataluña se funda en la convicción de que la convivencia democrática no se ve favorecida por la amnesia política de un pasado violento, sino al contrario. Se requiere, señalan, un diálogo permanente entre la disciplina histórica y el testimonio de la vivencia, entre el conocimiento científico y la memoria:

> El Memorial Democrático se ha concebido como un observatorio de los valores de la democracia y un motor de iniciativas destinadas a mantener la memoria histórica. Como una herramienta del gobierno para transmitir a las nuevas generaciones los fundamentos históricos de nuestro sistema de libertades y garantías sociales. [...] La finalidad última de una política pública de la memoria democrática es proclamar solemnemente la vigencia de los valores democráticos como fundamento del modelo de organización y de convivencia de la sociedad catalana actual. Es, también, proclamar la voluntad de proyectar estos valores hacia el futuro. A esta función de afirmación, el Memorial añade la de desagravio y homenaje a todas las víctimas directas o indirectas de la lucha por la democracia, mínimo gesto que merecen como depositarias de una memoria silenciada, si no negada.
>
> Proclamar y rememorar –conmemorar en definitiva– son acciones que confieren al Memorial naturaleza de monumento, en el sentido más radical del término: aquella obra humana edificada con la finalidad precisa de conservar vigente, en la conciencia de las generaciones futuras, el recuerdo de un acontecimiento o de un proyecto de futuro, o bien de ambas cosas a la vez.[155]

El Memorial Democrático de Cataluña afirma que las nuevas instituciones democráticas requieren de una

---

[155] Disponible en línea: http://www.gencat.cat/generalitat/cas/govern/infocatalunya/08_infocat/04.htm

condena política formal de los regímenes dictatoriales anteriores para legitimar institucionalmente una política oficial de recuperación de la memoria democrática.

Políticas de verdad y condena política de las violaciones de derechos humanos

La condena moral y política de los abusos ha sido el resultado de la difusión de los informes de las comisiones de verdad, pero es, principalmente, el sólido resultado de las condenas judiciales en los casos de violaciones de derechos humanos.

Las víctimas y sus familiares han luchado en decenas de países, durante décadas, buscando verdad y justicia. El esfuerzo inicial era lograr que se reconociera la detención y luego la desaparición de sus familiares como *hechos sucedidos efectivamente,* enfrentando la negación oficial, incluso a riesgo de sus vidas. Ha sido habitual que las autoridades declararan, a pesar de las evidencias en contrario, que los hechos no tuvieron lugar. El primer objetivo de las víctimas ha sido, entonces, que las autoridades y los tribunales de justicia reconocieran los hechos que les había afectado.[156]

Al instalarse gobiernos de transición desde regímenes autoritarios a regímenes democráticos, las expectativas de los grupos y asociaciones de víctimas son precisamente que se reconozca lo que les ocurrió a ellos mismos o sus familiares, que se reconozcan sus derechos y que se repudie formalmente la política de violaciones de derechos humanos. En muchos países, la condena moral y política

---

[156] En Chile, las autoridades del régimen militar intentaron instalar la idea de que la desaparición era resultado de una decisión del desaparecido o bien que había muerto en manos de sus compañeros, como fue el caso de la llamada "Operación Colombo". Disponible en línea: http://www.terrorfileonline.org/es/index.php/Operación_Colombo

de los crímenes cometidos se ha expresado en las declaraciones y discursos de las autoridades que asumen el poder después del conflicto, representando a las fuerzas políticas opositoras y denunciando las violaciones de derechos humanos cometidas.

En Chile, en momentos críticos de la historia nacional desde el siglo XIX, se hizo un esfuerzo por lograr el esclarecimiento de los hechos y responsabilidades políticas después de la guerra civil de 1891, y condenar los abusos cometidos.[157] Se llevó a cabo mediante una comisión investigadora en el Senado, y fue procesada como acusación constitucional contra los ministros del ex presidente José Manuel Balmaceda. Dio lugar a un informe de más de 500 páginas que estableció los atropellos cometidos por los vencidos durante la guerra civil y que fue publicado en 1893.[158] Los testimonios de las víctimas y afectados fueron la base para las acusaciones efectuadas en el informe. Sin embargo, la información reunida no tuvo las consecuencias esperadas. Diversas leyes de amnistía impusieron el olvido jurídico sobre lo ocurrido en nombre de la reconciliación y de la paz social.

En 1931, tras la caída de Carlos Ibáñez se estableció una comisión investigadora de los actos de la dictadura que no publicó un informe final, pero que recolectó documentación por más de 10.000 páginas, renunciando a los cinco meses, argumentando que no tenía sentido continuar investigando si todo lo investigado quedase en

---

[157] Lira, Elizabeth *et al.* (2001), *Historia, Política y Ética de la Verdad en Chile, 1891-2001. Reflexiones sobre la Paz social y la Impunidad*, Santiago, Chile, Universidad Alberto Hurtado / LOM.

[158] Loveman, Brian y Lira, Elizabeth (2003), *Acusación constitucional contra el último ministerio del Presidente de la República don José Manuel Balmaceda*, Serie Fuentes para la Historia de la República vol. XXII, Santiago, Chile, DIBAM / Universidad Alberto Hurtado.

la impunidad.[159] Tanto el trabajo de la comisión como su renuncia pasaron al olvido. Durante el siglo XX, algunas de las masacres cometidas por los gobiernos dieron lugar a comisiones investigadoras en el Congreso y a procesos judiciales que buscaron establecer la verdad de lo ocurrido, pero que casi siempre pasaron literalmente al olvido después de la dictación de leyes de amnistía inclusivas.

Durante el régimen militar, organismos internacionales como la Comisión de Derechos Humanos de Naciones Unidas, la Comisión Interamericana de Derechos Humanos y la Organización Internacional del Trabajo, dieron seguimiento y emitieron informes sobre el estado de los derechos humanos en Chile. Dichos informes eran dirigidos al gobierno de la época solicitando respuesta por los casos denunciados y haciendo presente que se trataba de violaciones a los derechos humanos. La Asamblea General de Naciones Unidas condenó año tras año y durante dieciséis años al gobierno de Chile, por la violación de derechos humanos.[160]

Después del fin del régimen militar, el primer gobierno de la transición estableció una Comisión Nacional de Verdad y Reconciliación destinada a identificar los casos de detenidos desaparecidos, ejecutados políticos y víctimas de violencia política (1990-1991). Trece años después se estableció una Comisión Nacional de Prisión Política y

---

[159]   Lira, Elizabeth y Loveman, Brian (2007), "Comisión Investigadora de los Actos de la Dictadura, 1931", en Cornejo, Tomás y González, Carolina (Eds.), *Justicia y Poder,* Santiago, Chile, Ediciones Universidad Diego Portales, pp. 149-181; y Loveman, Brian y Lira, Elizabeth (2006), *Los actos de la dictadura. Comisión Investigadora 1931,* Serie Fuentes para la Historia de la República, vol. XXVII, Santiago, Chile, LOM / DIBAM, Universidad Alberto Hurtado.

[160]   Ver: "El caso chileno ante la comunidad internacional", *Revista Chilena de Derechos Humanos,* Santiago, Programa de Derechos Humanos, Universidad Academia de Humanismo Cristiano, núm. 12, abril de 1990.

Tortura (2003-2005).[161] La Comisión Nacional de Verdad y Reconciliación así como la Comisión Nacional de Prisión Política y Tortura señalaron en sus conclusiones que las violaciones de derechos humanos tuvieron efectos devastadores en las víctimas y en la convivencia social de la sociedad chilena, y rechazaron moral y políticamente que desde el Estado se hubiesen diseñado políticas sistemáticas de represión política, utilizando la tortura y la desaparición de personas.[162] Paradójicamente, esos informes se suelen cerrar en el mismo momento en que se dan a conocer, y en poco tiempo se transforman en documentos simbólicos que concentran el horror del pasado, pero no logran despertar un interés memorial, precisamente por su penoso contenido, incluso entre las víctimas.

La condena moral y política se construye de manera permanente a través de las sentencias judiciales que califican las violaciones de derechos humanos como delitos y que establecen las responsabilidades de sus autores. Sin embargo, es frecuente que los indultos y amnistías en nombre de la reconciliación nacional liberen a los responsables, y casi siempre el pasado desaparece en el olvido jurídico o administrativo y con él la condena moral y política de los crímenes del pasado. Por ello, esa condena requiere de la

---

[161]   Comisión Nacional de Verdad y Reconciliación (1991), *Informe de la Comisión Nacional de Verdad y Reconciliación*, 3 tomos, Santiago, Chile, Comisión Nacional de Verdad y Reconciliación. Ver, disponible en línea: http://www.ddhh.gov.cl/ddhh_rettig.html; Comisión Nacional de Prisión Política y Tortura (2005), *Informe de la Comisión Nacional de Prisión Política y Tortura*, Edición Oficial. Disponible en línea: http://www.lanacion.cl/prontus_noticias/site/edic/home/port/torturas.html

[162]   Las comisiones de la verdad y la reparación de las víctimas se han multiplicado como recursos para cerrar el pasado, reconociendo y rechazando los abusos del pasado. En más de treinta países se han realizado estas comisiones. Un ejemplo notable es la Comisión de Reconciliación y Equidad en Marruecos para examinar la situación ocurrida durante los años de la represión que denominan "los años de plomo": www.insumisos.com/diplo/NODE/1330.HTM

acumulación documental bajo distintos tipos de registro con el fin de sostener el juicio histórico sobre lo sucedido y expresar y mantener la condena moral y política a través de la enseñanza de la historia, en la educación cívica y en la formación ética propia de todas las ciencias.

Políticas de memoria en Chile

La voluntad de *hacer memoria* sobre el pasado reciente (1973-1990) ha quedado registrada en lugares y sitios de memoria y en actividades en torno a esos lugares, y en conmemoraciones que se han realizado con el apoyo de las instancias de gobierno, y también de manera autónoma, por parte de familiares y comunidades. Se han construido monumentos y memoriales, algunos de ellos fueron de iniciativa gubernamental o respondieron a acciones conjuntas de las agrupaciones de víctimas y del gobierno. Hasta 2003, el Programa de Derechos Humanos del Ministerio del Interior había hecho un catastro de los memoriales, monolitos, parques, esculturas, salas y otros lugares públicos, los que sumaban 134. En 2009 ese número se había duplicado.[163] En el décimo segundo aniversario de la entrega del Informe Rettig, en el palacio de La Moneda, se firmaron convenios con las agrupaciones de familiares para la construcción de memoriales en diferentes lugares del país. Jorge Correa, subsecretario del Interior, señaló:

La verdad ha permitido también iniciar caminos de reparación. En ella la reparación simbólica juega un papel fundamental porque precisamente ayuda a recordar el valor inalienable de La dignidad de aquellas personas que murie-

---

[163] FLACSO-Chile (2007), *Memoriales en Chile: Homenajes a las víctimas de las violaciones a los Derechos Humanos,* Santiago, Chile. FLACSO / Ministerio de Bienes Nacionales de Chile.

ron o desaparecieron entre septiembre de 1973 y marzo de 1990. Es decir, que ellos formaron y continuarán formando parte de la historia de Chile. Al menos de ese modo, nunca desaparecerán.

La mayor parte de estas obras ha sido construida por propia iniciativa de los familiares y de sus organizaciones, muchas veces apoyadas por organismos de la sociedad civil y del gobierno. En esta línea, hoy firmamos convenios para siete proyectos de memoriales que recordarán a 215 mujeres y hombres que fueron ejecutadas al margen de todo proceso o que fueron detenidas y hechas desaparecer en Tocopilla (30), La Serena (55), Paine (70), Coronel (12), Chihuío (18), Osorno (30) y Villa Grimaldi. Es un compromiso por mantener la memoria, que firman las agrupaciones de familiares de esas víctimas con el gobierno de Chile. Es un compromiso por mantener la memoria, que firman las agrupaciones de familiares de esas víctimas con el gobierno de Chile.

A todas ellas nuestro reconocimiento por su trabajo a favor de la dignidad humana y por su tenacidad en evitar que los chilenos olvidemos y de ese modo arriesguemos nuevamente el futuro de la democracia y de la vida y dignidad de las nuevas generaciones.[164]

El Programa de Derechos Humanos del Ministerio del Interior acompañó estas iniciativas durante los años siguientes, de acuerdo a sus objetivos, entre los cuales se encontraba otorgar apoyo:

[a] la realización de obras de reparación simbólica con el fin de recuperar la dignidad y buen nombre de las víctimas de la represión. En un sentido amplio, se trata de recordar no sólo los hechos y crímenes que tuvieron lugar, sino también

---

[164]   Discurso del subsecretario del Ministerio del Interior, Jorge Correa Sutil, con ocasión del décimo segundo aniversario del Informe de la Comisión de Verdad y Reconciliación, 3 de marzo de 2003. Programa de Derechos Humanos. Ministerio del Interior. Documento Interno.

a cada una de las víctimas en forma individual, hacer visibles los rostros de quienes sufrieron estos actos.[165]

Se señalaba también que con ese fin se había trabajado para preservar algunos lugares históricos que "proporcionan una prueba tangible sobre los hechos ocurridos y quienes los visitan pueden sentirlos en su recorrido."[166] Se reconocía que los esfuerzos por construir y mantener la memoria fueron asumidos desde el inicio por las agrupaciones de familiares y las organizaciones de derechos humanos:

> Tras el advenimiento de la democracia, las agrupaciones de familiares, los amigos, compañeros de trabajo o de profesión y, en ocasiones, los propios vecinos, propiciaron la instalación de cruces, memoriales, placas alusivas en hospitales, universidades, plazas y salas de clase, como una forma de rendir homenaje a la memoria de las víctimas y contribuir en la formación de una conciencia social que impida la repetición de estos hechos en nuestro territorio. Las Obras de Reparación Simbólica son iniciativas que refrendan la poderosa necesidad social de recordar lo que sucedió en nuestro país y contribuyen al fomento de una cultura de respeto a los derechos humanos en Chile.[167]

Coincidente con esos objetivos, el Ministerio de Bienes Nacionales desarrolló una línea de trabajo en relación con los bienes fiscales y la memoria y promovió una reflexión académica sobre la relación entre memoria y democracia

---

[165] Ver el libro *Memoriales en Chile*, Santiago, Chile, FLACSO / Ministerio de Bienes Nacionales, 2007. Allí se encuentran las fotografías de la mayor parte de los memoriales de Chile en casi todas las regiones del país construidos hasta 2007.

[166] Disponible en línea: www.ddhh.gov.cl

[167] Disponible en línea: www.ddhh.gov.cl En la página *web* del programa se encuentra un mapa de los memoriales que se han construido con este propósito, proporcionando algunas ilustraciones de los más recientes. Ver también *Ausentes Presentes. Vidas y Memorias*, Santiago, Chile, Comité Memoria MAPU, 2007.

para enmarcar el propósito político de esas iniciativas.[168] En esta línea se encuentra el programa *Un Catastro para la Memoria: otra mirada al territorio* entendida como parte *de las acciones intencionadas del Estado* para reforzar la cultura de derechos humanos y consolidar la democracia. La División de Catastro del Ministerio de Bienes Nacionales identificó los inmuebles del patrimonio fiscal donde se cometieron violaciones a los Derechos Humanos, según la información proporcionada por la Comisión de Prisión Política y Tortura, con el fin de rescatar estos *emplazamientos de la memoria*. Se identificaron las instituciones públicas a cargo de su administración entre 1973 y 1990, el uso que se les dio en aquel periodo y la situación actual de administración de cada uno de los inmuebles. Se concluyó que 515 recintos (de los 1.132 identificados como recintos de detención) eran de propiedad fiscal, los que se identifican en un mapa detallado en cada una de las regiones y divisiones territoriales actualmente vigentes, los que se pueden visitar en un sitio de Internet en el marco de un espacio interactivo.[169]

El Ministerio de Bienes Nacionales desarrolló posteriormente una iniciativa memorial en Santiago: *la ruta de la memoria*. Ésta se inicia en el edificio que ocupó la Vicaría

---

[168]   Ver las publicaciones del Ministerio de Bienes Nacionales sobre este punto en: www.bienes.cl/sitioweb2009/common/asp/pagAtachador-Visualizador.asp?argCryptedData=GP1TkTXdhRJAS2Wp3v88hCFs2Rx 2BlCqq89cmzNMQGw%3D&argModo=&argOrigen=BD&argFlagYaGra bados=&argArchivoId=1381 3. Entre ellas, cabe mencionar la reflexión de Sebastian Brett, Louis Bickford, Liz Ševcenko y Marcela Ríos, "Memorialización y Democracia: Políticas de Estado y Acción Civil", sobre la memoria política y su función democrática.

[169]   Disponible en línea: www.bienes.cl. Sobre bienes y memoria véase: www.bienes.cl/OpenSupport_OpenDosPopUp/asp/pagDefault.asp?a rgInstanciaId=45&argEdicionId=4. Sobre "Ruta de la memoria" véase: http://www.bienes.cl/OpenNews/asp/pagDefault.asp?argInstanciaId =1&argNoticiaId=1647

de la Solidaridad en el palacio arzobispal de Santiago, e incluye un recorrido por distintos inmuebles vinculados a la violación de derechos humanos y a la defensa de las víctimas.[170]

Una tercera iniciativa es el *museo de la memoria*, inaugurado el 11 de enero de 2010 en Santiago. Su propósito es comunicar y reflejar lo vivido por las víctimas de violaciones a los Derechos Humanos entre 1973 y 1990. La declaración oficial subraya que *El Museo de la Memoria y los Derechos Humanos está dirigido a todo el país con la finalidad de que esos hechos no se repitan.*[171] De acuerdo a la información publicada sobre el proyecto la base de su patrimonio:

> Es el conjunto de fondos documentales declarados por UNESCO como parte del Programa Memoria del Mundo, específicamente aquellos de los organismos reunidos en la Casa de la Memoria: Fundación de Ayuda Social de las Iglesias Cristianas (FASIC), Corporación de Promoción y Defensa de los Derechos del Pueblo (CODEPU), Fundación de Protección a la Infancia Dañada por los Estados de Emergencia (PIDEE) y Teleanálisis. Incluye también colecciones, en diversos formatos y soportes, provenientes de otros organismos de derechos humanos en Chile y el extranjero, organizaciones de víctimas y familiares y colecciones personales. Archivos documentales, testimonios orales y escritos, documentos jurídicos, cartas, relatos, producción literaria, material de prensa escrita, audiovisual y radial, largometrajes, material histórico y fotografías documentales.[172]

---

[170]   Sobre la ruta de la memoria véase: www.bienes.cl/sitioweb2009/common/asp/pagAtachadorVisualizador.asp?argCryptedData=GP1TkTXd hRJAS2Wp3v88hI1js7xnSEwVX9bQUzcfVXY%3D&argModo=&argOri gen=BD&argFlagYaGrabados=&argArchivoId=16973

[171]   Sobre el Museo de la memoria ver: www.bienes.cl/OpenSupport_Open-DosPopUp/asp/pagDefault.asp?argInstanciaId=45&argEdicionId=4&a rgNoticiaId=1896

[172]   Disponible en línea: www.chilebicentenario.cl/frmArticuloObras.aspx ?IdSeccion=27&idArticulo=45

Se han generado iniciativas en otros ámbitos que combinan acciones de memoria y de reparación y que tienen a su vez un carácter simbólico, contribuyendo de una manera particular a los procesos de elaboración en el ámbito político y emocional, asociados a la represión política. Entre estas acciones simbólicas se encuentran las dos visitas de ex presos políticos a la isla Dawson, ubicada al sur del Estrecho de Magallanes. La primera de ellas se realizó en el año 2003 y la segunda en el año 2006.

La Isla Dawson está ubicada en el extremo sur de Chile, en la Provincia de Magallanes, y había servido de base para un campamento de ingenieros de la Armada. El 16 de septiembre de 1973, la Armada instaló en Isla Dawson los campos de concentración de Río Chico y Compingin.[173] Un gran número de presos políticos de la zona fue llevado al lugar, en donde debieron realizar trabajos forzados (instalar postes, construir canales, extender alambradas y postes telefónicos). Trabajaban también en un pantano sacando fango y vegetales en descomposición. Allí estuvieron recluidos ex ministros y autoridades del gobierno de la Unidad Popular.[174] El recinto estuvo en funciones casi un año. El 22 noviembre de 2003 se llevó a cabo la primera visita, organizada por las agrupaciones de ex presos políticos que estuvieron en Dawson y representantes de la Armada. Los participantes, en su mayoría ex presos que estuvieron recluidos en ese lugar, viajaron en los buques de la Armada saliendo desde Punta Arenas. En el lugar se realizaron actos de homenaje a los ex prisioneros que habían venido desde distintos lugares del país y desde el exterior, para reencontrarse en esta ocasión. Durante el

---

[173]   Disponible en línea: www.dawson2000.com/ago1.htm
[174]   Disponible en línea: www.memoriaviva.com y www.dawson2000.com de la Agrupación Dawson 2000 formada por ex prisioneros de la región de Magallanes. Ver de Sergio Bitar (1987), *Isla 10*, Santiago, Chile, Ed. Pehuén. Disponible en línea: www.bitar.cl/publica/i_publi.php

día recorrieron los lugares donde estuvieron los recintos de detención. Las barracas habían sido demolidas por los últimos prisioneros antes de abandonar el lugar. En esta visita se hizo una marcación simbólica de las barracas de prisioneros Alfa, Bravo, Charlie, Isla y Remo del Campo de Concentración de Río Chico. Visitaron después la iglesia de Puerto Harris y, al regresar, terminaron con una conferencia de prensa en Punta Arenas.[175]

En noviembre de 2006 se realizó una segunda visita en la que participaron ex presos políticos y familiares y otros invitados, entre ellos profesionales de los equipos del Programa de Reparación y Atención Integral de Salud para las víctimas de violaciones de derechos humanos (PRAIS) de la zona sur. La visita fue organizada por la Agrupación de Derechos Humanos "Salvador Allende" y la Armada de Chile. Los invitados viajaron en buques de la Armada y participó la ministra de Defensa Vivianne Blanlot Soza.[176] En las conferencias de prensa posteriores los organizadores de las agrupaciones de la región reconocieron la importancia de estos encuentros y subrayaron la necesidad de esclarecer todos los casos de violaciones a los derechos humanos.

En el mismo espíritu, en 2007 se realizó un viaje a la isla Quiriquina, situada frente a Talcahuano en el barco Grumete Pérez. La iniciativa fue impulsada por los ex presos políticos de Tomé. Participaron 130 ex prisioneros políticos y personal de la Armada, el ministro de Defensa José Goñi y el comandante en jefe de la Armada Rodolfo Codina. Se realizaron tres lecturas reflexivas en tres sitios claves del lugar: el bosque, la cancha de fútbol y la piscina. Los miembros de la Agrupación Cultural pro Derechos Humanos de

---

[175]   La Agrupación Cultural y de Derechos Humanos Orlando Letelier de Punta Arenas y Dawson2000.com, Proyecto Internacional de Información de los Derechos Humanos programaron las actividades tanto en la visita de 2003 como en la de 2006.
[176]   Disponible en línea: www.memoriacolectiva.com/viajedawson.htm

Tomé recordaron sus experiencias como detenidos en ese lugar. La actividad terminó con una eucaristía, oficiada por el sacerdote Enrique Moreno. El almirante Codina subrayó que el valor más importante de ese viaje era contribuir a la reconciliación de los chilenos.[177]

Otra iniciativa de memoria política gestionada por el Estado y organismos privados fue la incorporación de archivos de derechos humanos en el portal de la Dirección de Bibliotecas, Archivos y Museos (DIBAM) bajo el gran rubro de memoria chilena. La memoria chilena, como categoría, es amplia y no incluye solamente la memoria política del pasado reciente sino también el conjunto del pasado nacional desde diversas perspectivas. La dimensión referida a la memoria política se inspira en el concepto *Derecho a la memoria*, incorporando diversos temas y textos del pasado organizado en torno a los hechos del golpe de Estado de 1973. La primera sala virtual sobre derechos humanos se abrió con los archivos de la Vicaría de la Solidaridad y de su antecesor el Comité de Cooperación para la Paz en Chile, durante el periodo de la dictadura militar: *Un patrimonio ético cuya difusión se amplifica a través de la red Internet.*[178] Esta sala virtual fue el resultado de un convenio entre la Dirección de Bibliotecas, Archivos y Museos y la Fundación de Documentación y Archivo de la Vicaría de la Solidaridad con el objeto de contribuir a la difusión e investigación de los temas relacionados con los derechos humanos en Chile.[179]

---

[177]   Vega, María Eliana (2007), "En Isla Quiriquina, ex presos políticos se reencontraron con su historia y aliviaron sus temores", en *Tribuna del Bío Bío*, 11 de noviembre de 2007. Disponible en línea: www.tribunadelbiobio.cl/portal/index.php?option=com_content&task=view&id=788&Itemid=95

[178]   Disponible en línea: www.nuestro.cl/notas/noticias/memoria_derechos.htm

[179]   El concepto de Sala Virtual se inspira en los tradicionales salones de lectura de bibliotecas y salas de exposiciones de museos, donde se encuentran y exhiben colecciones de libros u objetos valiosos. Sitios

85.000 documentos de carácter jurídico referidos a 47.000 casos atendidos, un centro de microfilmes con información importante y confidencial y otros archivos sobre muertes y desapariciones forman parte del material perteneciente al Archivo del Arzobispado, que estará disponible en Internet. A ello se suman más de 4.000 artículos publicados sobre la materia, por diversos organismos nacionales y extranjeros. La documentación se organiza en temas como la Iglesia y los Derechos Humanos, Comité Pro Paz (COPACHI), Vicaría de la Solidaridad, Fundación de la Vicaría, Relegamiento y exilio, Voces disidentes, Biografías, Los Derechos Humanos: Una memoria viva, y una completa cronología de los Derechos Humanos en Chile.[180]

Existen en Internet diversos archivos virtuales sobre la memoria de las violaciones de derechos humanos del régimen militar en Chile. Entre ellos cabe señalar, a modo de ilustración, el *Proyecto Internacional de Derechos Humanos,* que fue fundado en Londres como respuesta a la permanente denegación de justicia en Chile. Es un colectivo organizado para trabajar por los derechos humanos y luchar contra la impunidad en Chile. Sus objetivos son:

La recopilación, el archivo, y la difusión de toda información disponible de los abusos a los derechos humanos durante la dictadura militar en Chile. Apoyar la tarea de enjuiciamiento de todos los responsables de violaciones a los derechos humanos. Desarrollar e inculcar una conciencia colectiva de los derechos humanos a través de proyectos nacionales e internacionales. Impulsar el rescate de la memoria histórica y el respeto que se les debe a las víctimas.[181]

---

temáticos, imágenes y documentos digitalizados se reúnen en cada sala de memoriachilena.cl, las que se corresponden con los temas y colecciones de la Biblioteca Nacional, como es el caso de la Sala de Derechos Humanos. Este proyecto se inició el 30 de septiembre de 2004. Ver: http://www.dibam.cl/region_cartelera.asp?id=2192

[180] Disponible en línea: http://www.dibam.cl/region_cartelera.asp?id=2192
[181] Disponible en línea: http://www.memoriaviva.com/quienes_somos.htm

Hay numerosas instancias en Internet que responden al propósito de preservar la memoria. Excede las posibilidades de este trabajo hacer un listado y un análisis de ellas. La mayoría de las páginas *web* que existen actualmente combinan el registro de los nombres de las víctimas y las denuncias específicas, con fotografías, videos, artículos y documentos. Algunas enfatizan las expresiones culturales, otras documentan y reproducen informaciones judiciales. El acervo memorial es amplio, al que se suman los archivos institucionales que incluyen información del contexto político de la dictadura y sus antecedentes, ampliando el tema más allá de las violaciones de derechos humanos y sus efectos sobre las víctimas, lo que suele constituir el foco principal de muchas de las iniciativas de memoria.

Conclusiones

La memoria (y la historia) del país sobre ese *tiempo gris y amargo*, como caracterizara Salvador Allende en su último discurso al tiempo que se iniciaba con el golpe militar, tendrá que contar con la memoria y los testimonios de centenares de miles de testigos, difundidos como nunca antes mediante medios audiovisuales, Internet, libros y revistas, así como mediante la memoria institucional y los registros y archivos históricos. Estos registros reflejan visiones y experiencias diversas y plurales sobre un pasado común y están en circulación.[182] A ello se agrega el impacto de los cambios

---

[182] El discurso de Salvador Allende se puede encontrar en www.salvador-allende.cl/Discursos/1973/despedida.html Entre otros escritos y documentos para la memoria política, ver: Máximo Pacheco (1980), *Lonquén,* Santiago, Chile, Editorial Aconcagua, 1a. ed. (La primera edición fue confiscada); Naranjo, Pedro, Ahumada, Mauricio, Garcés, Mario y Pinto, Julio (2004), *Miguel Enríquez y el proyecto revolucionario en Chile,* Santiago, Chile, LOM; Ver de Diana Veneros R.-T (2003), *Salvador Allende,* Santiago, Chile, Editorial

legales y culturales que han abierto posibilidades crecientes a procesos de transparencia institucional y acceso a la información pública. Son precisamente estas aperturas las que pueden permitir reunir las fuentes dispersas y construir un patrimonio colectivo que permita aprender del pasado, reconocer la lucha democrática en contra de la dictadura y asumir que las víctimas forman parte de esta comunidad humana que las reconoce como suyas, no solamente en su calidad de víctimas de atrocidades y violaciones de derechos humanos, sino también como ciudadanas y ciudadanos.

La sociedad chilena es una sociedad todavía dividida por la tragedia de la violencia y de las violaciones a los derechos humanos, en la que convive una pluralidad de memorias personales y colectivas que pueden llegar a ser antagónicas en momentos críticos. Aunque existe consenso sobre los hechos sucedidos, se mantiene una diversidad de interpretaciones y justificaciones éticas y políticas sobre el pasado que expresan la pluralidad de visiones políticas existentes. Esta diversidad y pluralidad puede llegar a reconocerse como

---

Sudamericana; Winn, Peter (1986), *Weavers of Revolution. The Yarur Workers and Chile's Road to Socialism*, Nueva York. Estados Unidos, Oxford University Press. La trilogía documental de Patricio Guzmán "La batalla de Chile" es posiblemente el documento audiovisual más ilustrativo sobre el gobierno de la UP; Ruiz-Tagle P, Jaime (1982), "Vía legal y transición al socialismo. Dos años de gobierno de la Unidad Popular", en *Mensaje. Testimonio de la historia 1971-1981*, Colecciones Mensaje, Santiago, Chile, Ediciones Aconcagua; Pinto Vallejos, Julio (2005), *Cuando Hicimos Historia*, Santiago, Chile, LOM Ediciones; Ver: Dooner, Patricio (1989), *Periodismo y Política: La prensa de derecha e izquierda 1970 - 1973*, Santiago, Chile, Editorial Andante / HOY Ediciones; Filippi Emilio y Millas Hernán (1973), *Anatomía de un fracaso. La experiencia socialista chilena*, Santiago, Chile, Empresa Ed. Zig-Zag, noviembre de 1973. Juez René García Villegas (1990), *Soy Testigo. Dictadura. Tortura. Injusticia.* Santiago, Chile, Amerinda; Grupo de trabajo La Victoria (s/f), *La Victoria. Rescatando su historia*, Santiago, Chile, Editorial Arcis.; Parada Maluenda, José Manuel (1986), *Pido Respeto*, Santiago, Chile, Emisión Editores. Libro póstumo en memoria de su autor, asesinado en marzo de 1985; también *Ausentes Presentes. Vidas y Memorias*, Santiago, Chile, Comité Memoria MAPU, 2007. La lista puede ser muy larga.

parte de una memoria *democrática*, en la medida en que se expliciten los entendidos y subentendidos inherentes a la manera como se ha conceptualizado la memoria reciente y se mantenga la condena sobre las violaciones de derechos humanos como punto de consenso básico para construir una memoria compartida, cuestión que no está garantizada.

La memoria entendida como un derecho y la memoria entendida como un deber se encuentra de manera más o menos explícita en la mayoría de las iniciativas que hemos analizado. La memoria entendida como un deber enfatiza el conocimiento y el reconocimiento de las violaciones de derechos humanos y entiende que ese reconocimiento forma parte de la reparación de las víctimas. La memoria definida como un derecho enfatiza los valores democráticos como el eje articulador de todas las memorias. Pone el acento en una lectura crítica del pasado que posibilite construir diques morales e institucionales para impedir que las violaciones de derechos humanos se constituyan en una amenaza política en el futuro y garantizar que la impunidad no sea el fundamento de la paz social.

Los efectos del conflicto y de la muerte en el pasado reciente han sido llamados en Chile *una herida abierta*. Esta metáfora subraya una vez más el dolor como eje del consenso político alcanzado para conmemorar y hacer memoria del pasado y hace prevalecer la memoria de la muerte y la conmemoración de la tragedia por sobre la memoria de la vida y de los proyectos en función de los cuales esos muertos entregaron sus vidas. Esta posición reconoce de manera explícita o implícita el trauma social y político que afectó a la sociedad chilena, y es el punto inicial de procesos de elaboración colectiva que requieren integrar las dimensiones privadas y subjetivas con las dimensiones sociales y políticas. Pero pareciera que existe la necesidad de articular esta visión con una política pública que pueda integrar estas dimensiones, al menos de manera simbólica.

Por otra parte, a pesar de las políticas de reparación, de las resistencias a la impunidad y de los centenares de procesos judiciales, muchas experiencias y atropellos permanecerán en la impunidad. Los allanamientos de moradas de centenares de miles de personas, los tratos inhumanos y degradantes, la expulsión del país, el extrañamiento, la privación de la nacionalidad, las diversas modalidades de amedrentamiento, la intervención de la correspondencia, las escuchas telefónicas, y los efectos del miedo parecen desvanecerse con el paso del tiempo, diluyéndose el efecto devastador que tuvo sobre las vidas de los afectados. La superación personal de esas experiencias depende de muchos factores, entre ellos del reconocimiento público de que esas situaciones ocurrieron efectivamente, que afectaron a miles de personas y sus familias con graves consecuencias y de las políticas públicas que asumen ese reconocimiento para construir medidas de reparación eficaces, aunque no necesariamente sean medidas que se expresan en beneficios personales, sino en muchos casos principalmente en gestos simbólicos y sociales.

Cabe señalar que es casi imposible pretender que se olviden privadamente dolores que arrasaron las vidas personales y que fueron causados por decisiones y procesos políticos como las masacres y las guerras. La memoria política se fundamenta en el proceso de elaboración que requerirá reconocer el origen político del conflicto y de sus consecuencias y diferenciar el trauma individual y el trauma psicosocial que se manifiesta en las relaciones sociales. Cada nivel requiere de un relato que reconstruya lo sucedido y permita darle algún sentido para que la convivencia se fundamente en el reconocimiento de los derechos de todos y de cada uno, y que el Estado asuma institucionalmente el repudio a las violaciones de derechos humanos.

Las políticas públicas dirigidas a las víctimas no pueden por sí mismas superar las consecuencias del pasado. Esta convicción se fue instalando progresivamente durante los veinte años del gobierno de la Concertación de Partidos por la Democracia. Se requería que la verdad pública formara parte del patrimonio político, cultural e histórico como fundamento de la convivencia democrática. La justicia, bajo la forma de procesos judiciales, conforme al imperio de la ley, cumpliría un rol público fundamental ante el vacío ético y político que se produjo cuando la autoridad era la responsable de los crímenes y los justificaba en nombre del bien común. La sentencia judicial de los responsables impediría la impunidad de los agentes del Estado que violaron a los derechos humanos, aunque no impediría la impunidad política de los sectores que formaron parte del régimen dictatorial. Las políticas de reparación confirman la voluntad de la autoridad de establecer relaciones sociales basadas en el reconocimiento de la dignidad y los derechos de las víctimas.

Las políticas de memoria cumplen una función pública de conocimiento y difusión de lo ocurrido que reafirma el valor de la convivencia democrática. Pero se requieren muchos gestos, muchas acciones que apunten a restablecer las confianzas en las relaciones interpersonales y simbólicas dañadas y destruidas por la tortura y la represión entre compatriotas. Algunos de los sectores políticos que apoyaron al régimen militar han apostado al paso del tiempo, a la desmemoria, y al desconocimiento de las implicaciones de ese pasado conflictivo para diluir y desdibujar las responsabilidades políticas en relación con las violaciones de derechos humanos del pasado reciente. Otros se han sumado activamente al repudio de las violaciones de derechos humanos contribuyendo al consenso para las leyes de reparación. Sin embargo, parece no estar suficientemente claro que lo que está en juego no es el pasado que ya fue y no puede ser cambiado. Lo que está en juego son las condiciones de relación social y política del futuro y el lugar de los derechos humanos de todos en ese futuro.

LOS APORTES DE LA DEMOGRAFÍA ANTE LOS RETOS DE LA GOBERNABILIDAD Y LA CONVIVENCIA DEMOCRÁTICA

Carmen A. Miró Gandásegui[183]

Introducción

Hace cien años, con la información y conocimientos existentes entonces, difícilmente algún investigador de cualquier disciplina habría podido adivinar –menos prever o pronosticar– los cambios que sobrevendrían en la dinámica y morfología de la población en el mundo y sus regiones en el curso del siglo XX, determinando la situación ahora conocida al final de éste en cuanto a volumen y estructura. La incertidumbre, como las mutaciones de cualquier género, parece ser compañera ineluctable del desarrollo de la humanidad, que va dejando sus huellas en la historia. Su carácter potencialmente perturbador en tendencias aparentemente previsibles conviene observar cautelosa y sistemáticamente.

Generar condiciones, desde una perspectiva demográfica, para un "buen gobierno" que posibilite mejorar relaciones de convivencia en la sociedad, sistemas políticos, y a la vez, promover políticas públicas cuya ejecución se traduzca en el máximo bienestar de la ciudadanía, supone la preexistencia de Estados de derecho y de sistemas de organización y participación, así como de información. La historia conocida pone de relieve que estos asuntos en la

---

183   Al momento de escribir este artículo fungía como Consejera a Título Individual de la Facultad Latinoamericana de Ciencias Sociales (FLACSO).

región son variables en el tiempo, en el espacio, como en gradación. No ha habido ni existe situación homogénea. Son la heterogeneidad y la mutabilidad las características dominantes. Sin embargo, es imprescindible mantener encendido el ideal que es el trasfondo del debate. Por ello, en particular, estarían subyacentes en las reflexiones siguientes aspectos esencialmente vinculados a los derechos sociolaborales y los socioambientales, más enraizados en determinantes biológicos, sociales, económicos y ambientales. Se da por sentado que la seguridad, el desarrollo y la supervivencia de los Estados de la región dependen del conocimiento alcanzado y aplicado de sus territorios y de sus poblaciones, especialmente, la composición, las necesidades, las capacidades y las posibilidades de bienestar y realización de los grupos humanos, que son su razón de ser. Por lo tanto, implicaría para los Estados las tareas permanentes de conocer aquellas cuestiones, situaciones y perspectivas demográficas (causas y consecuencias) de obligada, responsable y oportuna atención de parte de gobiernos encargados de orientar o dirigir acciones de desarrollo económico, social, institucional y ambiental de largo plazo y alcance, que produzcan el máximo bienestar posible a toda la población con un mínimo de conflictos sociales o de diferencias entre el Estado, la sociedad y el funcionamiento del mercado económico. Es tal conocimiento lo que determina la conciencia del papel del Estado, la gobernabilidad y la fijación de metas nacionales relativas a la sociedad a la que se aspira, fijando señales a procesos de cambio y ayudando a descubrir, evitar o enmendar incoherencias para entender el presente, conociendo el pasado que lo ha generado y configurado. Esa sería la génesis de políticas públicas: conocimiento para la previsión y previsión para la promoción.

El desarrollo de la demografía en América Latina y el Caribe en el siglo XX

Ya desde fines del siglo XIX, algunos pocos países de América Latina y el Caribe habían levantado censos de población, lo que les permitió conocer no sólo el tamaño de sus poblaciones y la distribución de éstas en su territorio, sino también algunas características, entre ellas, sexo y edad. No es sino hasta mediados del siglo XX, cuando el Instituto Interamericano de Estadística (IASI por sus siglas en inglés) lanza su Programa del Censo de las Américas (COTA), cuando un buen número de países de la región participa en dicho Programa, levantando censos de población en el año 1950, mayoritariamente, con un cierto grado de uniformidad en el contenido de las boletas censales.

Los resultados de estos censos, comparados con los datos de que se disponía entonces, vinieron a confirmar que la población de la mayoría de los países latinoamericanos y caribeños estaba creciendo rápida y aceleradamente. La tasa anual de crecimiento poblacional en algunos casos rondaba, o excedía significativamente, el 3%, valor que permitía duplicar el número de habitantes en un breve periodo de años (inferior a una generación). Igual situación parecía que se estaba dando en otras regiones subdesarrolladas del mundo.

Este crecimiento poblacional, que más tarde llegó a calificarse de "explosivo", suscitó preocupación en los países desarrollados, y reconociendo que, en general, en nuestra región no se contaba con personal capacitado en demografía, en una Asamblea General de las Naciones Unidas se propuso adoptar una resolución recomendando la creación, en las regiones subdesarrolladas, de centros que, además de formar recursos humanos capaces de abordar el estudio del comportamiento de sus poblaciones, prestaran asistencia técnica a los países que la requiriesen para llevar adelante investigaciones que aportaran elementos de juicio para evaluar dichos comportamientos, analizando la dinámica que determinaba su tasa de crecimiento y la posible evolución de la natalidad y la mortalidad.

En el caso de América Latina y el Caribe, se buscó implementar la resolución de la Asamblea de las Naciones Unidas, estableciendo en Chile en 1957, con los auspicios de la Universidad de Chile, un Centro como los recomendados. Es así como a mediados del siglo XX comienza a desarrollarse la aplicación de la demografía en la región, al mismo tiempo que se procuraba formar personal profesional que pudiese aplicar sus conocimientos de esa disciplina al análisis del comportamiento demográfico en los distintos países.

Inicialmente el Centro, que se designó Centro Latinoamericano de Demografía (CELADE, en forma abreviada), comenzó en 1958 a dictar cursos de análisis demográfico de diez meses de duración, en los que también se estudiaban las principales fuentes de datos demográficos y los métodos utilizados para recolectarlos. A estos cursos asistían pequeños grupos de funcionarios estatales, principalmente de departamentos censales o de estadísticas, que concurrían en calidad de becarios, y cuyas candidaturas eran propuestas por los respectivos gobiernos.

Al mismo tiempo que CELADE dictaba los cursos de análisis demográfico en su sede y en una subsede que eventualmente se estableció en San José de Costa Rica, con la colaboración de la Universidad de Costa Rica, prestaba asistencia técnica a algunos países que deseaban analizar los datos de su último censo de población para evaluar cómo evolucionaba su dinámica demográfica, y preparar proyecciones que les permitieran conocer la posible evolución futura de sus poblaciones, datos éstos que el Estado pudiera utilizar para adoptar medidas tendientes a modificar el comportamiento demográfico de las mismas.

Los estudios, que se realizan en los años 1960 y 1970 gracias a la colaboración de CELADE, y en ocasiones con la disponibilidad de profesionales que ya se habían capacitado en análisis demográfico, confirman que, con la excepción de Argentina, Uruguay, Chile y Cuba, en los demás países de la región, y de manera más significativa en los centroamericanos y algunos del norte de Sudamérica, sus poblaciones crecían aceleradamente, producto de una mortalidad en descenso y una fecundidad estabilizada a niveles relativamente altos.

Surge entonces en algunos círculos, particularmente en los Estados Unidos, el planteamiento de que los bajos niveles de crecimiento económico que en general se daban en los países nuestros se debían precisamente a las elevadas tasas de crecimiento demográfico, que los obligaban a destinar recursos crecientes a atender las necesidades de sus habitantes, mermando la capacidad de inversión económica para el desarrollo. Esto llevó a proponer que nuestros países adoptaran medidas tendientes a frenar y disminuir el crecimiento demográfico, lo que en efecto se hizo. Por conocidas, no parece necesario describirlas aquí. Lo que sí es importante señalar es que, efectivamente, en periodos de pocos años bajaron significativamente las tasas de crecimiento de sus poblaciones, aunque debe subrayarse que no se elevaron las de desarrollo y crecimiento económico, las que prácticamente no variaron o en algunos casos desmejoraron.

Antes de abordar el examen de las demandas que se le plantean a la demografía al comenzar este siglo XXI, conviene enfatizar que en los inicios de CELADE, en los años 1958 y 1959, lo que los países demandaban eran estimaciones de las variables demográficas básicas: fecundidad y mortalidad. Asimismo, la evaluación del grado de cobertura de sus fuentes informativas, análisis de las estructuras diferenciales de población y su distribución en el territorio, así como su posible evolución futura, con base en proyecciones de población. Es decir, el interés se centraba en elementos que permitieran conocer y describir cómo la respectiva dinámica demográfica modificaba el tamaño, la distribución, las estructuras de sexo y edades de sus poblaciones. Ante tal demanda, CELADE optó por organizar en una primera etapa la enseñanza de análisis demográfico, lo que implicó la aplicación de la demografía formal, cuyo desarrollo se apoya de manera significativa en métodos estadísticos. Más tarde, en diversos momentos de la segunda mitad del siglo XX, se organizaron en Brasil y México carreras de Maestría en demografía (Brasil, CEDEPLAR, 1964, México, CEED,[184] 1964) que años más tarde, en 1985, se ampliaron a Doctorados (Brasil,[185] CEDEPLAR y NEPO, y México). En Argentina se establecieron en 1986 estudios de Maestría en la Universidad Nacional de Luján y más recientemente de Maestría y Doctorado en demografía en la Universidad Nacional de Córdoba.

Con el propósito de no alargar innecesariamente el examen de la evolución que se da en la región en los estudios de demografía y en sus poblaciones en la segunda mitad del siglo XX, conviene mejor examinar qué es lo que les está ocurriendo a esas poblaciones en la actualidad. Es esta situación la que determinará cómo evolucionará la aplicación de la demografía como ciencia en la región para apoyar a sus sociedades y a sus gobiernos en la comprensión de los fenómenos sociales, económicos, de salud

---

[184] Que constituye un buen ejemplo de transformación en el currículo. De Centro de Economía y Demografía (CEED) pasó a ser Centro de Estudios de Demografía y Desarrollo Urbano (CEDDU) y actualmente, Centro de Demografía, Desarrollo Urbano y Ambiente (CEDDUA).

[185] Ruíz-Salguero Magda y Martínez-Gómez, Ciro (2006), "Situación de los programas de formación en recursos humanos en demografía y población y desarrollo en América Latina y el Caribe", Informe de Consultoría, 7 de mayo de 2006.

y ambientales que afectan a sus poblaciones y son afectados por el comportamiento de éstas.

Por razón de las medidas que se adoptaron en todos los países de la región, disminuyó en distintos grados la tasa anual de crecimiento demográfico, producto principalmente del descenso del nivel de la fecundidad, lo que ha llevado a una llamada transición demográfica, que según su grado de avance ha modificado las estructuras por edades, que en general se caracterizan por una disminución de la proporción de los menores de 15 años, un crecimiento de la de jóvenes entre 15 y 19, un crecimiento de la población en edad de trabajar entre 20 y 59 años, y lo que está concitando mayor preocupación, a un importante crecimiento del grupo de 60 y más años.

En América Latina y el Caribe, un dato elocuente de su participación en la transición demográfica, que se ha universalizado, lo proporciona la estimación de las Naciones Unidas en el año 2000, indicadora de que dentro del total de su población de 33 países y territorios con por lo menos 140.000 habitantes, el 76% corresponde a poblaciones cuya tasa de fecundidad total (TFT) se ubica entre 2.1 y menos de 3 hijos por mujer. Son poblaciones próximas al nivel de reemplazo generacional, que previsiblemente se añadirán (¿a qué ritmo?) al conjunto de aquellas que ya lo alcanzaron por su temprana, o por su reciente transición, las cuales concentraban a un 11% de la población. Con tal extensión de la transición demográfica, los cambios en la composición por edades, asociados al proceso de envejecimiento demográfico, demandan innovaciones, transformaciones y decisiones políticas de "buenos gobiernos" que reduzcan irritaciones sociales y posibles convulsiones radicales. Las consecuencias de este proceso demográfico no se limitan a la presión que ejercen el volumen y ritmo de incremento de los grupos de edad más avanzada. Esto es solamente parte de las transformaciones en toda la estructura de edades que caracterizan a aquel y merecerán en seguida resumidos comentarios.

El breve examen que antecedió sobre las principales contribuciones que la demografía aportó para facilitar el análisis de la evolución de la población latinoamericana y caribeña en la segunda mitad del siglo pasado, nos ofrece una guía para señalar algunos de los principales nuevos conocimientos que ésta debe entregarnos como disciplina científica para facilitar la comprensión y eventual solución de problemas sociales, económicos y ambientales que nos plantea el futuro en el siglo XXI.

La transición demográfica y la evolución de las estructuras de edad

De la más alta prioridad resulta, en los tiempos actuales, estimar cómo se transformarán en las poblaciones de nuestra región las estructuras por edad, y cuál es la relación que ellas tendrán con la evolución de las condiciones en temas como la educación, la salud, la organización familiar y la incidencia de enfermedades, el patrón de distribución de la población en el territorio, los niveles y características del empleo y los de fecundidad y mortalidad. Importan asimismo los cambios en la estructura económica, en particular los asociados a la composición de la demanda y necesidades propias de los grupos de población cuyo tamaño e incremento varían significativamente.

El estudio y la evaluación de tres grupos de edad han suscitado especial atención, por la directa relación que ellos tienen con transformaciones sociales. En efecto, el mayor crecimiento del conjunto de los adolescentes y adultos jóvenes exige la adopción de medidas especiales dirigidas a tal grupo para atender los múltiples problemas que plantea.

El segundo grupo es el de la población en edades de trabajar, cuyo crecimiento, en algunos países, ciertos profesionales han dado en calificar como "bono demográfico". Esa designación es totalmente equivocada, porque en esos países, como en general en América Latina, se da un alto nivel de desempleo, por lo que el crecimiento de ese grupo complica el ya difícil problema de la no utilización de la fuerza de trabajo potencial. El crecimiento de este grupo, afectado por altos niveles de desempleo, no puede abonar así, mediante sus cotizaciones, a la solución de problemas de financiamiento de seguridad social en la región, máxime cuando, además, al conseguir un empleo sufre las consecuencias de su precariedad originadas en políticas de flexibilización, que desde la década de 1980 introdujera el Banco Mundial en el marco de los llamados ajustes estructurales. En esas circunstancias, sufre y se complica la solidaridad intergeneracional entre trabajadores activos y pensionados y jubilados.

El crecimiento de la población de 60 años y más, designada por Naciones Unidas como "adultos mayores", es el que más preocupación concita, ya que se trata de un grupo que en un alto porcentaje es "dependiente", ya sea porque se haya retirado de la actividad económica o porque no haya trabajado nunca (como es el caso de muchas mujeres). Es obvio que este grupo plantea importantes demandas de atención o apoyo económico y de otra índole a órganos del Estado o a familiares, que adquieren mayor significación cuando no se está bajo la protección o cobertura de régimen de seguridad social alguno, lo que es bastante frecuente, especialmente para los de edades más avanzadas (80 años y más). Otra demanda es la de la atención médica, que con frecuencia exige hospitalización para estados de salud que a medida que avanza la edad se deterioran severamente.

En el estudio de este grupo resultará muy útil estar en condiciones de estimar valores de esperanza de vida para grupos con distintas características. Particular importancia revisten esta tarea y reto si se reconoce que los cambios operados en la longevidad han modificado de hecho la noción o definición de edad. Ciertamente, tener 60 años de edad en 1950 difiere de tener igual edad en el año 2009. En ambos casos se han vivido sesenta años desde el nacimiento, pero los años que en teoría restarían por vivir son muy diferentes. Esta observación ha sido la base de los argumentos de reforma a la seguridad social que proponen aumentos de la edad de retiro laboral.

En los tres casos anteriores ya no basta el análisis demográfico formal. Ahora se hace indispensable establecer relaciones, formular análisis y llegar a conclusiones acerca de cómo lograr la proposición de soluciones para resolver los problemas que la evolución de estas estructuras de edad entre distintos grupos sociales plantean al desarrollo económico y social del país. Llamémosla una *demografía sustantiva*.

La concentración urbana de la población

Todo individuo tiene el derecho a circular libremente y a elegir su residencia en el territorio de un Estado, condicionado a características espaciales de sitios, de orden físico, económico, de seguridad y de otro tipo que, consideradas conjuntamente constituyen un haz de factores que determinan la fundación, las formas y el desarrollo de asentamientos humanos, así como las funciones de éstos. Los procesos de decisión para migrar, cuándo hacerlo, hacia dónde, con quiénes y por cuánto tiempo han sido temas que continúan aguardando mayor análisis de la migración interna. Sobresalen lagunas de conocimiento de arreglos institucionales que gobiernan las relaciones entre factores de producción, como el sistema de tenencia de la tierra (tan ligado a la variable *poder*), los mecanismos de precios y crédito y dispares disponibilidades de servicios gubernamentales, inmersos en políticas y estrategias que imponen determinados grupos al conjunto de la sociedad. Tales grupos definen el estilo de desarrollo concentrador y excluyente mediante la adopción de decisiones económicas como la asignación de recursos, monto de inversiones, selección de lugares, tecnologías y otros elementos que determinan la cantidad y calificación de la mano de obra necesaria, fijando así volúmenes y direcciones de migraciones internas que se traducen en una relativamente elevada concentración urbana que coexiste con una alta dispersión rural, elevado desempleo urbano y subempleo rural y algunos otros signos de heterogeneidad estructural.

Un buen número de ciudades de nuestra región, importantes por su tamaño y sus funciones, se desarrolla de manera desordenada, con amplios asentamientos de población en la periferia, creándose problemas ambientales, que en ocasiones afectan negativamente la salud de la población, especialmente cuando están desprovistas de servicios esenciales (agua potable, disposición de excretas, falta de recolección de la basura y desperdicios, etc.). Igualmente se dan problemas de transporte y de explotación desordenada de los recursos naturales disponibles.

Generalmente, las concentraciones urbanas se nutren de desplazamientos humanos originados en las áreas rurales, de donde emigra población por falta de tierras agrícolas o de accesibilidad legal a éstas, que generalmente se concentran en pocas manos, con la consiguiente depauperación de grupos importantes de la población rural que se ve así forzada a dirigirse hacia las ciudades.

Urge que los demógrafos, en colaboración con profesionales de otras disciplinas, en busca de soluciones efectivas, aborden el estudio de los problemas que se derivan de la alta concentración urbana y de la excesiva emigración rural, que están creando no sólo problemas ambientales, sino también problemas asociados a la supervivencia de las poblaciones residentes en estas áreas. Los estudios de los demógrafos sobre la migración interna pueden tildarse de simplistas, porque en general se han limitado a mediciones sin que se dé una investigación analítica sobre causas y efectos, magnitud de grupos afectados y características diferenciales de los mismos.

Citando a la CEPAL, es preciso considerar que "para analizar las relaciones entre la población y el medio ambiente hay que aplicar un enfoque que incluya además de las tendencias demográficas, asuntos relacionados con los patrones de producción y consumo de la población, que preste atención a las políticas y a los adelantos tecnológicos destinados a impedir la degradación del ecosistema."[186]

Los problemas del empleo y el crecimiento de la población

Los datos censales sobre la población económicamente activa han permitido dimensionar lo relativo al desempleo, pero es preciso ir más allá en el análisis de este fenómeno de muy variadas facetas. El mismo vulnera de manera muy significativa a importantes grupos de población afectados por la pobreza, bajos niveles de educación y en general condiciones de vida paupérrimas que tienden a reproducirse y que atentan contra una convivencia democrática.

---

[186]   Comisión Económica para América Latina y el Caribe (CEPAL) (1993), *Población, Equidad y Transformación Productiva*. Santiago, Chile, CEPAL, p. 69.

Es éste otro caso en que no basta sólo medir el fenómeno. En la búsqueda de soluciones a estos apremiantes problemas, la demografía debe contribuir a caracterizar según edad, sexo, localización geográfica y niveles de educación y capacitación los grupos de población afectados por el flagelo del desempleo en sus variadas formas: el empleo informal, el subempleo. Debe también la demografía esclarecer el impacto del desempleo sobre los sistemas de seguridad social.

La migración internacional

Salvo los análisis que se han hecho en el pasado sobre movimientos de inmigrantes hacia Argentina, Uruguay, Chile y Brasil, en tiempos recientes ha sido México el que de manera más sistemática y más persistente está estudiando la migración mexicana a los Estados Unidos. Hoy día, sin embargo, movimientos migratorios internacionales de diversa naturaleza se dan en numerosos países de la región. No se trata ya de la famosa "emigración de cerebros". Hoy se movilizan contingentes elevados de migrantes con bajos niveles de educación, agobiados en sus países de origen, o de residencia habitual, por el desempleo, la violencia política y la pobreza.

He aquí un campo que plantea a la demografía el reto de contribuir al análisis de los impactos que estos nuevos movimientos tienen en los lugares de origen, en los de destino -que pueden calificarse de transitorios-, y en los finales. Igualmente, esclarecer cuáles son las principales características de los que se movilizan: estructura familiar, grupos de edad, sexo, educación, actividades en los lugares de origen y los lugares de destino, remesas que los migrantes envían a sus países de origen, todo lo cual necesariamente obliga a mejorar y ampliar las fuentes de datos relacionadas y a realizar análisis más sofisticados.

La familia

El análisis del comportamiento y de la evolución de la familia como parte integrante de los cambios demográficos que se han dado en la región ha sido un tema prácticamente no estudiado en profundidad. Las tremendas transformaciones sociales, económicas y políticas que se han dado en muchos de los países nuestros en la segunda mitad del siglo XX y en los primeros años del siglo XXI, han afectado de manera significativa a la familia, en su organización, sus roles y en su interacción con otros entes sociales. Los impactos de la urbanización, la participación económica de la mujer en el mercado de trabajo, la emancipación femenina, cambiantes patrones de nupcialidad y de divorcialidad, mayor correspondencia entre ideales y reales comportamientos reproductivos, situaciones habitacionales, entre otros, son algunos aspectos asociados a los cambios en tamaño y composición de hogares y familias. La existencia de la separación o desconexión práctica entre adultos y niños emerge como resultado de procreación entre individuos sin nexos matrimoniales de derecho ni de hecho, o como resultado de la disolución por diferentes causas. La relación con los niños dentro de familias también muestra situaciones problemáticas, por la fecundidad de múltiples cónyuges y, acaso, promiscuidad permisiva ligada al azote de la drogadicción y otros males. Los niños de familias de un solo "cónyuge" suelen tener más bajos rendimientos escolares y mayores problemas emocionales y de salud. Además, al crecer, tienden a reproducir la experiencia de progenitores. A menudo, por otra parte, la disolución de uniones es causa de dos nuevos hogares pobres.

¿Qué pueden hacer al respecto "buenos gobiernos"? Ante todo, parece obvio que se impone el conocimiento veraz y completo de esos cuadros familiares, que en medios menos favorecidos por la educación e ingresos se asocian a pobreza, delincuencia, desesperanza y al surgimiento de grupos indigentes excluidos. Restaurar los "valores de la familia" no sería suficiente. Debe enfrentarse la tarea de interrumpir el ciclo de pobreza, apatía y falta de oportunidades que desembocan en el desamparo. Por otro lado, la fuerza de la ley debe hacer sentir que la primera responsabilidad de un progenitor es proveer el apoyo integral a sus hijos. No puede la demografía latinoamericana continuar ignorando la urgencia de contribuir al estudio de la evolución sufrida por la organización familiar y los efectos demográficos que de ello se derivan.

Población, educación y desarrollo

A la mayoría de los países de la región, especialmente los de Centroamérica y el Caribe, el desarrollo del sistema educativo y la prestación de adecuados servicios de educación a la población le plantean problemas que en ciertos casos parecen insalvables. La demografía puede y debe contribuir a dimensionar algunas de las características del fenómeno: estructura por edades y sexo y distribución espacial, según la categoría de los lugares de la clientela potencial del sistema educativo contrastada con lo que efectivamente se registra. Así, aparte de permitir una medición exacta de la cobertura del sistema, facilitaría el examen de problemas, tales como el déficit de cobertura en los distintos niveles de educación. Al respecto, parecería pertinente destacar que los descensos de fecundidad experimentados durante los últimos años han podido aliviar estas situaciones en ciertos casos y permitido aumentar recursos destinados a mejorar la calidad de la enseñanza y la fijación de metas más optimistas y plausibles.

Un intercambio entre demógrafos y educadores debe contribuir al desarrollo de metodologías aplicables a la medición y eventual evaluación de aspectos tales como: distribución de los docentes en el sistema y grado de formación de los mismos, evaluación del aprendizaje de los estudiantes y algunos aspectos administrativos del sistema educativo, como la descentralización geográfica de los servicios.

Desigualdades sociales, pobreza y crecimiento de la población

La tendencia de atribuir la pobreza al acelerado crecimiento de la población, que hasta hace poco y con frecuencia se daba en algunas investigaciones sobre estos temas, afortunadamente ha sido superada. Hoy se reconoce que la pobreza está ligada a la existencia de condiciones sociales y económicas que la propician. ¿Será que los pobres que tienen más niños porque son pobres tendrían menos niños si dejaran de serlo?

Primera entre las condiciones aludidas está la significativa desigualdad económica que se observa prácticamente en todos los países de la región. La nuestra es catalogada en los estudios internacionales que se realizan como de las que presentan una de las mayores desigualdades en el mundo. A esta situación ha conducido el patrón o estilo de desarrollo económico "sostenido" (como antaño lo denominaban). Sostenido por grupos que desde el poder político, económico y tecnológico, desprovistos de toda ética y solidaridad, guiados por el lucro y el hedonismo, han creído en la supervivencia gratuita ajenos a normas de convivencia democrática. Esta injusticia social coloca a ciertos grupos de nuestras poblaciones en situaciones marginales en cuanto a empleo (desempleo, subempleo, empleo informal) y educación (analfabeta, educación primaria). En colaboración con sociólogos y economistas, el demógrafo está capacitado y debe contribuir a la detección y análisis de los grupos más afectados por las condiciones de desigualdad y pobreza, y a la identificación de las causas que las originan. La focalización es útil, pero insuficiente si deja intactas a estas últimas y supone que los pobres lo son porque están fuera del mercado. Sólo esclareciendo estas relaciones se podrá plantear la adopción de medidas de políticas que tiendan a corregir las inequidades.

El crecimiento de la población y el desarrollo sustentable

El anatema que pendía sobre el crecimiento de la población como responsable de la mayoría de los problemas sociales y económicos que agobian a nuestros países, afortunadamente ha ido desapareciendo, a medida que tanto esos problemas como la dinámica del crecimiento de la población han sido mejor comprendidos. Sin embargo, nuevas situaciones plantean nuevas necesidades de investigación. Es el caso de la atención que ahora se presta a lo ambiental, a lo ecológico y a la protección de los recursos naturales y últimamente a ciertos desastres naturales, algunos con complicidades humanas que ignoran que la naturaleza no es necesariamente pacífica ni benévola, y repentinamente puede domesticar comportamientos y aspiraciones haciendo patentes vulnerabilidades antes inadvertidas y aclarando que no existe independencia ecológica ambiental.

Esto le ha dado gran importancia al estudio del crecimiento de la población y el desarrollo sustentable. La supervivencia y bienestar de las generaciones actuales y futuras demandan que el desarrollo se verifique con equidad y en un ambiente sustentable ambientalmente, que considere problemas emanados de la abundancia y de los excesos, como de las penurias y precariedades.

Economistas y demógrafos, quizá con la participación de ecólogos, deben ahora abocarse a investigaciones que permitan establecer las relaciones existentes entre población y desarrollo sustentable.

La ampliación de la aplicación de la informática a los estudios demográficos

El notable desarrollo que se ha dado en la informática, y en general en la aplicación de la computación a la investigación científica, plantea a los demógrafos la necesidad de emplear estos nuevos métodos para ampliar las posibilidades de investigar temas que, por requerir procedimientos matemáticos de cierta complejidad y amplias y extensas elaboraciones numéricas, no se han abordado para su estudio. Esta situación no sería ajena en nuestra región a la necesidad de disponer de los recursos tecnológicos indispensables, así como del personal profesional correspondiente, cuya formación y especialización es tarea indefinida.

Los temas seleccionados, a los que se ha aludido someramente, no son los únicos. Sus análisis deberán abordarse en el futuro en forma ampliada, pero corresponderá a los demógrafos formados en programas que trascienden la demografía formal contribuir a extender los límites de la disciplina. Cuando determinantes biológicos, políticos, sociales, económicos y otros de los cambios demográficos sean objeto de análisis debidamente documentados, y cuando la información de procesos demográficos, relaciones sociales y recursos naturales sean examinados conjuntamente y sean materia de predicciones, estarán floreciendo los estudios de población fundamentales para evitar improvisaciones y respaldar políticas públicas libres de decisiones intuitivas.

Algunos insumos para ciertas políticas públicas

Para concebir políticas públicas exentas de intuiciones e improvisaciones, considerando como tales aquellas decisiones estratégicas gubernamentales reguladoras del funcionamiento de esferas básicas en cualquier sociedad –como son las económicas, financieras, sociales, judiciales e institucionales–, es fundamental descansar en información sistemática, confiable y oportuna generada por sistemas estadísticos dotados de los recursos tecnológicos y humanos lo más eficientes posibles. Tales sistemas son responsables de aportar los datos requeridos por la preparación de diagnósticos y proyecciones de los que se nutre la planificación en la identificación de problemas y perfiles de las sociedades presentes, análisis de procesos de cambios sociales y determinación de objetivos que impriman dirección e intensidad a éstos en marcos de proyectos nacionales que definan los tipos de sociedades a las cuales se aspira. De particular importancia a este respecto son los recuentos censales de población, cuyos elevados costos constituyen inversiones redituables de los esfuerzos de nuestras naciones por conocerse a sí mismas. La participación en el Programa Mundial de los Censos de Población del año 2010 es, entonces, un compromiso insoslayable, cuyo cumplimiento deberá ser aprovechado para enriquecer el acervo de datos necesarios para entender mejor el presente y la historia de las transformaciones experimentadas por grupos humanos nacionales que plantean situaciones y necesidades asociadas a previsiones de diversa índole, generadoras de políticas públicas asociadas a nociones como solidaridad intergeneracional, sostenibilidad del desarrollo, estilos de vida, cultura ecológica, interdependencia entre el bien individual y el colectivo, incluidas aquellas que se avizoran a la luz del cambio climático, que añade al imperativo de justicia en la redistribución de recursos escasos la atención impostergable de sus consecuencias, ya sufridas por las naciones más pobres. Se confluye así, con tales consideraciones, en conceptos como "buenos gobiernos", "gobernabilidad" y "convivencia democrática", indispensables para la vigencia de una ética propia de una vida digna para todos nuestros pueblos.

Como queda insinuado, los censos de población próximos constituirán fuentes de información demográfica, socioeconómica (y ambiental, si se considera la localización y características de asentamientos humanos) esenciales para facilitar la elaboración de indicadores de desarrollo, proporcionando bases para la determinación de niveles y elaboración de estimaciones de la fecundidad, mortalidad, migraciones y del crecimiento de la población según diversos atributos por regiones, así como otras proyecciones derivadas. El reconocido hecho de que las políticas y planes sociales son concebidos en función de la población, para la población y por la población, hace evidente la necesidad de integrar variables demográficas al proceso de planificación, particularmente en sus fases de diagnóstico y proyección. Ello obliga a aprovechar analíticamente los datos censales en la detección de problemas actuales o los que pudieran emerger a la luz de posibles tendencias, así como en la fijación de horizontes deseables y plausibles. Esa información puede ser utilizada así, tanto para los propósitos de diagnóstico y evaluación, como en su consideración directa en modelos de explicación y de proyección.

Cualesquiera que fuesen los objetivos de los proyectos nacionales o estrategias de desarrollo, hay que tomar en cuenta el tamaño de la población total y de subpoblaciones, así como los ritmos de incremento y distribución territorial (incluida información física o ambiental asociada a vulnerabilidades ante desastres naturales y riesgos previsibles por efectos del cambio climático) como elementos básicos de la programación, particularmente en la asignación de recursos destinados a satisfacer necesidades en diversas esferas, o a asumir acciones proactivas. En consecuencia, parece legítimo y deseable plantearle a los censos, desde su preparación y ejecución, hasta la elaboración, publicación y difusión de resultados, las demandas precisas para llevar a cabo diagnósticos y proyecciones que permitan identificar problemas, que son los que inducen objetivos de la planificación, calcular indicadores de utilidad en la fijación de metas y prioridades y en la evaluación, como asimismo determinar magnitudes específicas que deben ser conocidas para organizar recursos y desarrollar acciones y planes de "buenos gobiernos". Esos análisis y estudios de la información censal deben constituir de hecho un compromiso gubernamental con la sociedad, y ésta debe hacerlo patente manteniendo la demanda correspondiente de investigaciones confiables y de alta calidad. De poco valdría haber efectuado exitosamente todas las costosas y complejas etapas previas de los censos si sus resultados no se utilizaran efectiva y provechosamente. Sería un desperdicio de tiempo y de recursos inaceptable. Para evitarlo, deben ser adoptadas medidas dirigidas a funcionarios relacionados con la preparación de planes y diseño y ejecución de políticas, a fin de informarlos de los resultados de los estudios censales pertinentes que apoyen el cumplimiento de sus responsabilidades. Estos funcionarios deberían estar capacitados para plantear demandas a los censos, tanto en las etapas de preparación del relevamiento como en la elaboración de sus resultados, su publicación y su divulgación.

Nuestros países deberán valerse de información detallada geográficamente, que permita conocer situaciones y tendencias probables en la alfabetización, asistencia escolar, nivel de instrucción (todos temas censales) y su relación con costos asociados a las necesidades de formación y utilización de recursos humanos. Ante la estrechez de medios financieros, secuelas de la aplicación de los ajustes estructurales del pasado, el análisis de tales costos no cabe hacerlo solamente desde la perspectiva de su financiamiento. También hay que considerarlo desde el punto de vista de su posible reducción (acaso favorecida por los cambios en las estructuras de edades resultantes de la disminución de la fecundidad), ya que pudiera ocurrir que los problemas no residieran tanto en la capacidad de aumentar los recursos, sino en cómo evitar los desperdicios que siempre lleva consigo cualquier ineficacia.[187] La información podrá aportar elementos básicos para políticas dirigidas a atender necesidades de construcción, reposición y mantenimiento de instalaciones físicas, así como a la disposición, conservación y abastecimiento de materiales y útiles requeridos para impartir las enseñanzas, en conformidad con los avances tecnológicos actuales.

Por otra parte, conviene mencionar en este estrechísimo e imperfecto recorrido muestral de posibles utilizaciones de datos censales como insumos de políticas públicas, que los estudios sobre distribución de la población dentro del territorio nacional, además de las migraciones internas, merecen recibir alta prioridad en los análisis y aprovechamiento censales. Asimismo, los estudios o investigaciones sobre concentración y dispersión demográfica y procesos de urbanización, que son de gran interés para comprender mejor diferentes ritmos de absorción de los sistemas de educación. Por ejemplo, es evidente que parece más fácil la atención de la oferta educativa en zonas urbanas, y ciertamente, la urbanización tiende a aumentar la demanda de educación en todos los niveles. En realidad, tanto el

---

[187]   Medina Echavarría, José (1967), "Filosofía, Educación y Desarrollo", en *Textos del Instituto Latinoamericano de Planificación Económica y Social,* México DF, México, Siglo XXI Editores SA y Santiago, Chile, Editorial Universitaria SA, p. 109.

crecimiento urbano como la composición de la fuerza de trabajo y la demanda del mercado, influyen en los ritmos de absorción de los sistemas de educación. Obviamente, ello no es ajeno a la consideración de la educación (factor esencial del denominado capital humano) como factor del desarrollo económico, ni tampoco a la conexión del "análisis de las necesidades educativas con la urgencia de un previsible cuadro ocupacional dentro de determinados horizontes de desarrollo."[188] También parecería importante en la consideración como componente de política pública orientada hacia la atención de la juventud, la observación y vigilancia de jóvenes económicamente activos e inactivos, por sexo y edad, que asisten o no a la escuela. El examen de tal información puede iluminar situaciones acerca de la influencia de la participación económica como factor que afecta a la asistencia escolar, y viceversa, además de indicar cantidades y ubicación de jóvenes que no asisten a la escuela, ni son económicamente activos, grupo que reviste especial atención social. En resumen, los próximos censos revelarán instantáneas de lo que con justicia merece ser denominado como motor del desarrollo, que es la educación, y por lo tanto, fuente fundamental en el diseño y ejecución de políticas públicas vinculadas al mejoramiento de la productividad, de la cultura y civismo de nuestras poblaciones.

Sobre este último aspecto señalado, no parece ocioso tener presente que los dirigentes y administradores de nuestros gobiernos responsables de favorecer el bien común sobre el individual, buscando el máximo bienestar de toda la población, reduciendo al mínimo la emergencia de posibles conflictos de intereses, concretando la convivencia democrática, surgen del seno de sus poblaciones. Corresponde, entonces, que desde temprano reciban

---

[188] *Ibíd.*, p. 109.

educación en población, como parte de una formación que fomente el respeto al derecho ajeno, a conservar el medio ambiente y desarrollar un estado de alerta y comprensión de la naturaleza, así como de las causas y consecuencias, a nivel individual y social, de fenómenos de la población de la cual nacen, crecen, se desarrollan y mueren. Se trata de formular y desarrollar una política pública cívica fijando responsabilidades a las familias, escuelas, empresas productoras y comercializadoras, autoridades ambientales, sanitarias, policiales, culturales, turísticas, y en general, entidades públicas y privadas, que en sus diversas áreas puedan aportar apoyos para que el susodicho estado de alerta y comprensión pueda ser motivo de enseñanza en diferentes niveles escolares en el proceso de aprendizaje formal y también fuera del mismo, gracias a la participación efectiva de toda la sociedad civil. En el ámbito meramente escolar, por ejemplo, en las clases de nivel medio, al enseñarse las progresiones aritméticas y geométricas, pueden usarse datos del crecimiento de nuestras poblaciones para que el estudiante discierna entre ambos tipos de crecimiento y sus implicaciones. Cuando se enseñe cómo preparar representaciones gráficas, se puede indicar al estudiante, por ejemplo, el porcentaje de población que corresponde a determinados grupos o colectivos, sean de edad, de logro educativo, de residencia urbana o rural, o de otros atributos, que permitan visualizar su importancia relativa. Igualmente, los gráficos pueden ser útiles para ilustrar evoluciones o cambios cronológicos o espaciales de la población, del empleo, la producción de alimentos y otros fenómenos, ya sean de carácter demográfico, sociales, económicos, sanitarios o de otra índole de la vida nacional, que convenga conocer y entender.[189] En cierta

---

[189]   En particular, aquellas situaciones que evidencian desigualdades e inequidades que reclaman atención y corrección oportunas y justas.

forma, se trata de convertir en activistas responsables a grupos pasivos para los cuales transcurren hechos y fenómenos sin advertir que sus propias vidas y generaciones actuales y futuras podrían ser afectadas por los mismos, y que ellos deberían ser protagonistas y transformadores. El activismo puede, por ejemplo, ser manifestado así en evitar el desperdicio de agua o comida y la disposición sanitaria de la basura, tan sólo para mencionar apenas unas cuantas situaciones visibles cotidianamente en casi todas las comunidades de nuestra región. Pareciera indudable que aprender a observar y analizar tempranamente fenómenos sociales y sentirse motivado aumenta la probabilidad de actuar de manera responsable y justa ante situaciones compatibles con una convivencia solidaria y democrática. Los censos que se avecinan proporcionarán una fuente de datos esenciales para la educación en población y para la política correspondiente con alcance de justicia social y de solidaridad intergeneracional.

A manera de síntesis

La población de América Latina y el Caribe, que ascendía a 167 millones de habitantes en el año 1950, alcanzaba ya alrededor de 520 millones en 2000 y se espera que sea del orden de los 776 millones en 2025, de acuerdo con cálculos elaborados por Naciones Unidas. Durante la segunda mitad del siglo XX se produjo una rápida y acelerada expansión demográfica en la mayor parte de sus países, conociendo todos una caída drástica de la mortalidad, que precedió a una subsiguiente –aunque paulatina en sus inicios– disminución de la fecundidad. Esa coincidencia de los factores biológicos determinantes del ritmo de incremento de la población provocó inicialmente la aceleración de éste, consecuente con un rejuvenecimiento que se reflejaba en la estructura de edades, significando una elevada carga de dependencia de niños.

El acelerado crecimiento demográfico y la alta carga de dependencia referida caracterizaron a la mayor parte de los países de la región, principalmente en Mesoamérica y el Caribe, en el tercer cuarto del siglo pasado, dando lugar a "preocupaciones" vinculadas a los limitados niveles de inversión pública (que abrieron cauces a procesos de endeudamiento externo inducidos por el exceso de petro-dólares), "justificando" la adopción de medidas y políticas dirigidas a la extensión del uso de anticoncepción, favorecidas éstas por la observación del hecho de que los ideales de reproducción eran menores que los reales en casi todos los estratos de las sociedades latinoamericanas y caribeñas. En ese tercer cuarto de siglo los recursos destinados a la educación primaria y a la atención de salud de infantes fueron sometidos a una enorme presión, demandando de los presupuestos nacionales sumas significativas del gasto social para dedicarlas a la formación y remuneración de pediatras y maestros.

En ese periodo de crecimiento demográfico acelerado y también de crecimiento económico (y endeudamiento externo), los movimientos internos de población desataron un proceso de urbanización, que no necesariamente se vinculaba a un paralelo proceso de industrialización. Esas migraciones internas, preponderantemente femeninas, en cierta forma constituían una vía de "escape" de la pobreza rural, que se trasladaba a las ciudades. La falta de correspondencia entre la urbanización y la industrialización, junto al número creciente de nuevos pobres urbanos, acaso se manifestó social y espacialmente, con la aparición en el paisaje urbano de viviendas improvisadas, cuyos conjuntos ("callampas", "ranchos", "casas brujas") demandaban la provisión de servicios públicos elementales, limitada y precariamente prestados. La migración interna y la mayor importancia relativa del tipo de familia extensa, (derivada de la alta fecundidad y la escasez de viviendas) constituyeron así verdaderas estrategias de supervivencia de la población de menores recursos. La falta de oportunidades de trabajo determinó también corrientes de emigración internacional, predominantemente masculinas que con sus remesas contribuían a mantener niveles de consumo de hogares pobres.

Durante el último cuarto del siglo XX se pasó de la previa aceleración a la moderación en el ritmo de incremento demográfico, como resultado, esencialmente, del avance generalizado en la transición demográfica, que mostraba países en etapas incipiente, moderada, plena y avanzada de tal transición. Esas etapas han guardado una relativa alta correlación estadística con el desarrollo social de los países comprendidos en dichas categorías. En el marco de una evolución más lenta del volumen de la población, cobró impulso la irrupción de la mujer en el mercado de trabajo (particularmente urbano), contribuyendo a la economía del hogar y explicando, estadísticamente, altos niveles de desempleo y subempleo que han alcanzado características estructurales en muchos países. No parecería aventurado especular acerca de que gracias a la mayor participación económica femenina se pudo solventar al nivel de los hogares, las secuelas de la asfixiante carga de la deuda externa que limitó significativamente en la llamada "década perdida" de los ochentas el gasto social, en obediencia de los "ajustes estructurales" que significaron exclusión y pobreza en aras de un presunto crecimiento económico liderado por el mercado.

Como resultado del avance de la transición demográfica, la estructura de edades se ha ido transformando. Ha disminuido el peso relativo de la población infantil, aumentado el tamaño de la población en edad de trabajo (que con la disponibilidad, o no, de recursos de fuentes de empleo, podría significar dinamismo en el crecimiento de ingresos, o mayor desempleo y frustración), y se ha perfilado un proceso de envejecimiento demográfico irreversible en el corto y mediano plazo. Con este proceso ha coincidido una aceleración de la urbanización, una tendencia creciente de familias nucleares, que presiona el mercado de viviendas apropiadas, y una preocupación por la solvencia financiera de regímenes de seguridad social en diferentes situaciones de maduración. Por otra parte, se ha ido desplazando el énfasis de la atención preventiva de salud a la curación y rehabilitación, de costos relativamente más elevados.

Al iniciar el siglo XXI, la mayoría de los países de América Latina y el Caribe se encamina hacia tasas de reproducción de reemplazo (algunos pocos ya la alcanzaron) y la longevidad se ha extendido hasta límites no necesariamente acordes con su progreso económico y social (no es raro que estratos significativos de la sociedad latinoamericana y caribeña vivan más tiempo, pero peor). Es previsible que casi todos los países alcancen valores de reemplazo generacional en el curso de la primera mitad de este siglo, con lo cual se hará sentir plenamente el envejecimiento demográfico con sus consecuencias. Incluso, algunos de los países, ya previamente en la etapa avanzada de la transición demográfica, es posible que experimenten disminuciones totales de sus habitantes. Estas previsiones irán acompañadas de transformaciones más profundas en la estructura de edades, alrededor de las cuales girarán políticas públicas, especialmente sociales, así como la conformación de redes comunitarias para compensar la falta de apoyo familiar cercano de los ancianos necesitados, debido a las consecuencias de la migración, de los cambios en la constitución de grupos familiares, así como de los ingresos. El número de hogares unipersonales irá aumentando, lo mismo que el individualismo, con lo cual la solidaridad social se resentirá y se favorecerá la aparición y desarrollo de planes privados de retiro (de los cuales difícilmente podrán beneficiarse grupos sin capacidad de ahorro, menos educados, empleo precario, bajos ingresos, pobremente informados y con comportamientos irracionales).

La era de los pediatras dará paso a la de los geriatras y gerontólogos sociales. Los costos de la atención de salud del adulto mayor, particularmente de los de más avanzada edad, planteará retos, pero también ofrecerá oportunidades nuevas de ocupación que trascenderán las puramente asistenciales, abarcando también las de educación, esparcimiento y construcción. La mortalidad general aumentará, las fronteras políticas serán menos flexibles y es probable una redistribución territorial, como consecuencia del crecimiento y desarrollo de ciudades pequeñas que podrían florecer al influjo de los ingresos de adultos mayores retirados, allí establecidos.

Bien harían los latinoamericanos y caribeños en tratar de aprender de los errores y logros de países que han conocido la experiencia de tasas de reemplazo generacional y de incipiente disminución de sus poblaciones. ¿Cuál carga es más cara para el conjunto de la sociedad, la de infantes o la de viejos? Se estará pagando el costo de disminuir la primera. Para lograrlo, países más desarrollados contribuyeron económica y tecnológicamente. ¿Lo harán también para enfrentar las consecuencias de la segunda?

BIBLIOGRAFÍA GENERAL

"América Latina Hoy", en *Revista de Ciencias Sociales. Nuevas Formas de inestabilidad política,* vol. 49, Ediciones Universidad de Salamanca, Salamanca, España, agosto de 2008.

"Operación Colombo". Disponible en línea: http://www.terrorfileonline.org/es/index.php/Operación_Colombo

"Pobreza y Política Social en México", en *Papeles de población.* Año 12. núm. 47. México, enero-marzo de 2006.

Agrupación de Familiares de Detenidos Desaparecidos (AFDD)-Región del Bío Bío y Departamento de Pastoral Obrera del Arzobispado de Concepción (1999), *No hay dolor inútil,* Concepción, Chile, AFDD.

Alcántara, Manuel y Crespo, Ismael (1995), *Los límites de la consolidación democrática en América Latina,* Salamanca, España, Ediciones Universidad Salamanca.

Altmann Borbón, Josette y Rojas Aravena, Francisco (Coord.) (2009), "Efectos sociales de la crisis financiera global en América Latina y el Caribe", San José, Costa Rica, FLACSO-Secretaría General / AECID. Disponible en línea: www.flacso.org.

Álvarez, Carlos (Comp.) (2003), *La Argentina de Kirchner y el Brasil de Lula,* Buenos Aires, Argentina, CEPES / CEDEC / Prometeo.

Arocena, Rodrigo y Caetano, Gerardo (Coord.) (2007), *Uruguay: agenda 2020. Tendencias, conjeturas, proyectos.* Montevideo, Uruguay, Taurus.

Ávila, Ariel (2011), "Grupos armados ilegales, violencia urbana y mafias coercitivas. La Gobernabilidad en Bogotá-Medellín", Documentos sobre Gobernabilidad y Convivencia Democrática en América Latina. San José, Costa Rica, FLACSO / AECID (en prensa).

Banco Mundial (2006), *Poverty Reduction and Growth. From Vicious to Virtuous Circles*. Washington DC, Estados Unidos, Banco Mundial.

Bárcena, Alicia (Secretaria Ejecutiva de CEPAL) (2009), "Las economías de América Latina y el Caribe frente a la crisis internacional", Montevideo, Uruguay, CEPAL, marzo 2009. (PowerPoint).

Beck, Ulrico (1998), *¿Qué es la globalización? Falacias del globalismo, respuestas a la globalización*. Buenos Aires, Argentina, Editorial Paidós.

Bitar, Sergio (1987), *Isla 10*. Santiago, Chile, Ed. Pehuén, 1987. Disponible en línea: www.bitar.cl/publica/i_pu-bli.php

Bobbio, Norberto (1992), *La Democracia en América Latina*. México DF, México, FCE.

Borón, Atilio A. (2000), *Tras el búho de Minerva. Mercado contra democracia en el capitalismo de fin de siglo*. Buenos Aires, Argentina, Fondo de Cultura Económica.

Borón, Atilio A. (2003), *Estado, capitalismo y democracia en América Latina*. Buenos Aires, Argentina, CLACSO.

Bosoer, Fabián y Calle, Fabián (Comp.) (2007), *2010: una agenda para la región*. Buenos Aires, Argentina, TAEDA.

Bouzas, Roberto (Coord.) (2002), *Realidades naciona-les comparadas. Argentina, Bolivia, Brasil, Chile, Paraguay, Uruguay*. Buenos Aires, Argentina, Altamira / Fundación OSDE.

Brewer-Carías, Allan R. (2001), *Reflexiones sobre el constitu-cionalismo en América*. Caracas, Venezuela, Editorial Jurídica.

Burchardt, Hans-Jurgen (2008), "Desigualdad y democracia", en *Nueva Sociedad,* núm. 215, Buenos Aires, Argentina, mayo-junio de 2008, pp. 79-94.

Caetano, Gerardo (2005), "Desde la transición democrática hasta el triunfo de la izquierda (1985-2005)", en Caetano, Gerardo (Director), *20 años de democracia. Uruguay 1985-2005. Visiones múltiples.* Montevideo, Uruguay, Taurus.

Caetano, Gerardo (2007), "Distancias críticas entre ciudadanía e instituciones. Desafíos y transformaciones en las democracias de la América Latina contemporánea", en Ansaldi, Waldo (Director), *La democracia en América Latina, un barco a la deriva.* Buenos Aires, Argentina, Fondo de Cultura Económica, pp. 177 a 199.

Caetano, Gerardo (2008), "El cambio en la fragmentación. América Latina y su panorama político: una visión global", en Rodríguez Elizondo, José y Casanueva, Héctor (Eds.), *¿Qué pasa en América Latina? Realidad política y económica de nuestra región.* Santiago, Chile, Ed. Andrés Bello.

Calame, Pierre *et al.* (2001), *Con el Estado en el corazón. El andamiaje de la gobernancia.* Montevideo, Uruguay, Editora Vozes-Ediciones Trilce.

Carazo, Rodrigo (2009), "La convivencia es la raíz de la gobernabilidad", Documentos sobre Gobernabilidad y Convivencia Democrática en América Latina. San José, Costa Rica, FLACSO / AECID. Disponible en línea: http://www.flacso.org/fileadmin/usuarios/documentos/Gobernabilidad_y_Convivencia/La_convivencia_es_la_raiz_de_la_gobernabilidad.pdf

Carrera i Carrera, Joan (2009), "El Problema Ecológico: Una Cuestión de Justicia", *Cuadernos 161.* Cristianisme i Justícia, Barcelona, España, junio de 2009.

Cavarozzi, Marcelo y Abal Medina, Juan (h) (Comp.) (2002), *El asedio a la política. Los partidos latinoamericanos en la era neoliberal.* Buenos Aires, Argentina, Homo Sapiens.

CEPAL (1993), *Población, Equidad y Transformación Productiva.* Santiago, Chile, CEPAL. Disponible en línea: www.eclac.org

CEPAL (2007), *Panorama social de América Latina 2007.* Santiago, Chile, CEPAL. Disponible en línea: www.eclac.org

CEPAL (2008), *Anuario Estadístico para América Latina y el Caribe 2007.* Santiago, Chile, CEPAL. Disponible en línea: www.eclac.org

CEPAL (2009a), *Panorama de la inserción internacional de América Latina y el Caribe 2008-2009.* Santiago, Chile, CEPAL. Disponible en línea: www.eclac.org

CEPAL (2009b), *Panorama Social de América Latina 2008.* Santiago, Chile, CEPAL. Disponible en línea: www.eclac.org

CEPAL (2009c), *Estudio económico de América Latina y el Caribe 2008-2009.* Santiago, Chile, CEPAL. Disponible en línea: www.eclac.org

CEPAL, IPEA, PNUD (2003), *Hacia el objetivo del Milenio: Reducir la pobreza en América Latina y el Caribe.* Santiago, Chile, CEPAL / IDEA / PNUD.

Cesarín, Sergio y Moneta, Carlos (Comp.) (2005), *China y América Latina. Nuevos enfoques sobre cooperación y desarrollo. ¿Hacia una nueva ruta de la seda?* Buenos Aires, Argentina, BID / INTAL.

Cheresky, Isidoro (2008), *Poder presidencial, opinión pública y exclusión social.* Buenos Aires, Argentina, CLACSO / Manantial.

Cheresky, Isidoro (Comp.) (2006a), *Ciudadanía, sociedad civil y participación política.* Buenos Aires, Argentina, Miño / Dávila editores.

Cheresky, Isidoro (Comp.) (2006b), *La política después de los partidos.* Buenos Aires, Argentina, Prometeo Libros.

Cheresky, Isidoro (Comp.) (2007), *Elecciones presidenciales y giro político en América Latina*. Buenos Aires, Argentina, Ediciones Manantial.

Chomsky, Noam (2004), "Los dilemas de la dominación", en Borón, Atilio A. (Comp.), *Nueva hegemonía mundial. Alternativas de cambio y movimientos sociales.* Buenos Aires / La Habana, CLACSO / Editorial de Ciencias Sociales.

Colomer, Josep (2001), *Instituciones políticas*. Barcelona, España, Ariel.

Comisión Nacional de Prisión Política y Tortura (2005), *Informe de la Comisión Nacional de Prisión Política y Tortura.* Santiago, Chile, Edición Oficial. Disponible en línea: http://www.lanacion.cl/prontus_noticias/site/edic/home/port/torturas.html

Comisión Nacional de Verdad y Reconciliación (1991), *Informe de la Comisión Nacional de Verdad y Reconciliación*, 3 tomos. Santiago, Chile. Disponible en línea: http://www.ddhh.gov.cl/ddhh_rettig.html

Comisión Stiglitz (2009), *Report of Experts of the President of the UN General Assembly on Reforms of the International Monetary and Financial System.* Nueva York, Estados Unidos, ONU, junio de 2009.

Comité Memoria MAPU (2007), *Ausentes Presentes. Vidas y Memorias.* Santiago, Chile, Comité Memoria MAPU.

Corporación Latinobarómetro (2008), *Informe Latinobarómetro 2008.* Santiago, Chile, Corporación Latinobarómetro. Disponible en línea: www.latinobarometro.org

Corporación Latinobarómetro (2009), *Informe Latinobarómetro 2009.* Santiago, Chile, Corporación Latinobarómetro. Disponible en línea: www.latinobarometro.org

Costa Lima, Marcos (2008), *Dinâmica do capitalismo pós-guerra fria. Cultura tecnológica, espaço e desenvolvimiento.* San Pablo, Brasil, Ed. UNESP.

Cuevas, Agustín (1988), *Las democracias restringidas de América Latina.* Ecuador, Planeta.

Dagnino, Evelina, Olvera, Alberto J. y Panfichi, Aldo (2009), "Innovación democrática en América Latina: una primera mirada al proyecto democrático-participativo", en Raventós, Cisma (Comp.), *Innovación democrática en el Sur. Participación y representación en Asia, África y América Latina.* Buenos Aires, Argentina, CLACSO, pp. 31 y ss.

Dahl, Robert (1989), *Democracy and its Critics*, New Haven, Estados Unidos, Yale University Press.

Dahl, Robert A. (2006), *On Political Equality.* New Haven, Estados Unidos y Londres, Inglaterra, Yale University Press.

De Ferranti, David *et al.* (2003), *Desigualdad en América Latina y el Caribe: ¿ruptura con la historia?* Estudios del Banco Mundial sobre América Latina y el Caribe. Washington DC, Estados Unidos, Banco Mundial.

Declaración del Club de Madrid (2009), "Las dimensiones políticas de la crisis económica mundial: una visión latinoamericana", Santiago, Chile. Disponible en línea: www.clubmadrid.org

Della Volpe, Galvano (1963), *Rousseau y Marx y otros ensayos de crítica materialista.* Buenos Aires, Argentina, Platina.

Domínguez, José Mauricio (2009), *La modernidad contemporánea en América Latina.* Buenos Aires, Argentina, Siglo Veintiuno / CLACSO.

Dooner, Patricio (1989), *Periodismo y Política: La prensa de derecha e izquierda 1970 - 1973.* Santiago, Chile, Editorial Andante / HOY Ediciones.

Downs, Anthony (1957), *An Economic Theory of Democracy.* Nueva York, Estados Unidos, Harper and Row.

Dupas, Gilberto (2008), "Pobreza, desigualdad y trabajo en el capitalismo global", en *Nueva Sociedad*, núm. 215, Buenos Aires, Argentina, mayo-junio de 2008.

Einaudi, Jean Luc (1988), "Un Jour d'octobre a Paris", en *Le Genre Humain. Politiques de l'oubli*. Paris, Francia, Seuil.

Elster, Jon (2000), *Ulysses Unbound*. Cambridge, Inglaterra, Cambridge University Press.

Evans, Peter (1996), "El Estado como problema y como solución", en *Desarrollo Económico*, vol. 35, núm.140, enero-marzo de 1996.

Evans, Peter (1997), "The eclipse of the state? Reflections on Stateness in an Era of Globalization", en *World Politics*, vol. 50, núm. 1, octubre de 1997.

Ferenczi, Sandor (2006), *Le traumatisme*. Paris, Francia, Editions Payot&Rivages.

Fernández, Nelson (2008), *¡Maldita crisis! Claves de los ciclos financieros; el origen de la crisis mundial 2008 y su impacto en Uruguay*. Montevideo, Uruguay, Fin de Siglo.

Filippi Emilio y Millas Hernán (1973), *Anatomía de un fracaso. La experiencia socialista chilena*. Santiago, Chile, Empresa Ed. Zig-Zag, noviembre de 1973.

FLACSO (2010), *Estudio de opinión pública en Latinoamérica 2009-2010*. San José, Costa Rica, FLACSO / IPSOS / AECID. Disponible en línea: http://www.flacso.org/publicaciones/flacso-ipsos-final/

FLACSO y Ministerio de Bienes Nacionales (2007), *Memoriales en Chile*. Santiago, Chile, FLACSO/Ministerio de Bienes Nacionales.

FLACSO-Chile (2004), *Gobernabilidad en América Latina. Informe regional 2004*. Santiago, Chile, FLACSO-Chile.

Fondo de Población de las Naciones Unidas (UNFPA) (2002), *Estado de la Población Mundial 2002. Población,*

Pobreza y Oportunidades. Nueva York, Estados Unidos, UNFPA.

Fondo Monetario Internacional (FMI) (2009), *Perspectivas de la Economía Mundial.* Washington DC, FMI, abril de 2009. Disponible en línea: www.imf.org

French-Davis, Ricardo (2005), *Reformas para América Latina: después del fundamentalismo liberal.* Buenos Aires, Argentina, Siglo XXI / CEPAL.

Gamboa, Horario (1962), *En la ruta del 2 de abril.* 2nda edición. Santiago, Chile, s/e, pp. 161- 163.

Garcés, Mario y Nicholls, Nancy (2005), *Para una historia de los Derechos Humanos en Chile: historia institucional de la Fundación de Ayuda Social de las iglesias Cristianas FASIC, 1975-1991.* Santiago, Chile, LOM / Fundación de Ayuda Social de las Iglesias Cristianas.

García Canclini, Néstor (1992), *Culturas híbridas. Estrategias para entrar y salir de la modernidad.* Buenos Aires, Argentina, Sudamericana.

García Linera, Álvaro (2009), *Forma valor y forma comunidad.* La Paz, Bolivia, CLACSO / Muela del Diablo editores / Comuna.

García Márquez, Gabriel, *Cien Años de Soledad.* Disponible en línea: http://www.eltutordebangkok.com/music/books/Soledad.pdf

Garretón, Manuel Antonio (2000), *Política y Sociedad entre dos épocas. América Latina en el cambio del siglo.* Rosario, Argentina, Homo Sapiens.

González, Felipe (Comp.) (2009), *Iberoamérica 2020. Retos ante la crisis.* Madrid, España, Fundación Carolina / Siglo XXI.

Grupo de trabajo de La Victoria (s/f), *La Victoria. Rescatando su historia.* Santiago, Chile, Editorial Arcis.

Gutman, Margarita y Cohen, Michael Cohen. (Comp.) (2007), *América Latina en marcha. La transición postneoliberal*. Buenos Aires, Argentina, Ediciones Infinito / OLA.

Guzmán, Juany (2009), "Apuntes sobre gobernabilidad y convivencia democrática", Documentos sobre Gobernabilidad y Convivencia Democrática en América Latina. San José, Costa Rica, FLACSO / AECID. Disponible en línea: http://www.flacso.org/uploads/media/Juany_Guzman.pdf

Hadenius, Axel (1992), *Democracy and Development*. Cambridge, Inglaterra, Cambridge University Press.

Harper, Charles (2007), *El acompañamiento. La acción ecuménica a favor de los derechos humanos en América Latina: 1970-1990*. Montevideo, Uruguay, Coedición Consejo Mundial de Iglesias / Ediciones Trilce.

Held, David (1997), *La democracia y el orden global. Del Estado moderno al gobierno cosmopolita*. Barcelona, España, Paidós.

Hopenhaym, Martín (1994), *Ni apocalípticos ni integrados. Aventuras de la modernidad en América Latina*. Santiago, Chile, Fondo de Cultura Económica.

Houtart, Francois (2007), "Un socialismo para el siglo XXI. Cuadro sintético de reflexión". Ponencia presentada en las Jornadas "El Socialismo del siglo XXI", Caracas, Venezuela, junio de 2007.

Human Rights Watch, *Human Rights Watch. World Report 2008*. Disponible en línea: www.hrw.org

Huntington, Samuel (1991), *The Third Wave: Democratization in the Late Twentieth Century*. Norman, Estados Unidos, University of Oklahoma Press.

Instituto de Ciencia Política (2009), *Encrucijada 2010. La política uruguaya a prueba*. Montevideo, Uruguay, Fin de Siglo / CLACSO.

Jara, Alejandro, Montero, Ramón y Tovar, Camilo (2009), "The Global Crisis and Latin America: Financial Impact and Policy Response", en *BIS, Quarterly Review*, 6/2009.

Juez René García Villegas (1990), *Soy Testigo. Dictadura. Tortura. Injusticia*. Santiago, Chile, Amerinda.

Kliksberg, Bernardo (1999), "Capital social y cultura: claves olvidadas del desarrollo", *Documento de Trabajo*, BID.

Kliksberg, Bernardo (2009), "El impacto de la crisis económica en la gobernabilidad democrática". Ponencia presentada en el Foro de Gobernabilidad Democrática, PNUD, 26 de octubre de 2009.

Kymlicka, Will (1990), *Contemporary Political Philosophy*. Oxford, Inglaterra, Clarendon Press.

Lechner, Norbert (1997), "Los condicionantes de la gobernabilidad democrática en América Latina de fin de siglo", Buenos Aires, Argentina, FLACSO-Argentina. Disponible en línea: http://catedras.fsoc.uba.ar/toer/articulos/txt-lechner.html

Lechner, Norbert (1998), "Nuestros miedos", en *Estudios Sociales*, núm. 15, Santa Fe, Argentina, pp. 149 a 162.

Lechner, Norbert (2006), *Obras escogidas 1*. Santiago, Chile, Lom Ediciones.

Levi, Primo (2006), *Deber de memoria*. Buenos Aires, Argentina, Libros de Zorzal.

Levine, Michel (1985), *Les Ratonnades d'octobre. Un meurtre collectif a Paris en 1961*. Paris, Francia, Ramsay.

Lijphart, Arend (1999), *Patterns of Democracy. Government Forms and Performance in Thirty-Six Countries*. New Haven, Estados Unidos y Londres, Inglaterra, Yale University Press.

Lira, Elizabeth (Ed.) (2009), "Chile: dilemas de la memoria política", en Guixé Coromines, Jordi e Iniesta, Montserrat, *Políticas Públicas de la Memoria*. I Coloquio Internacional Memorial Demócratic. Barcelona, España, Editorial Milenio / Memorial Demócratic, pp. 39-83.

Lira, Elizabeth *et al.* (2001), *Historia, Política y Ética de la Verdad en Chile, 1891-2001. Reflexiones sobre la Paz social y la Impunidad.* Santiago, Chile, Universidad Alberto Hurtado / LOM.

López Segrera y Filmus (Comp.) (2000), *América Latina 2020. Escenarios, alternativas, estrategias.* Buenos Aires, Argentina, UNESCO / FLACSO / Temas Grupo Editorial.

López, Ernesto y Mainwaring, Scott (Comp.) (2000), *Democracia: discusiones y nuevas aproximaciones.* Buenos Aires, Argentina, UNQ.

Loveman, Brian y Lira, Elizabeth (1999), *Las suaves cenizas del olvido. La vía chilena de reconciliación política 1814- 1932.* Santiago, Chile, LOM / DIBAM.

Loveman, Brian y Lira, Elizabeth (2000), *Las ardientes cenizas del olvido. La vía chilena de reconciliación política 1932-1994.* Santiago, Chile, LOM / DIBAM.

Loveman, Brian y Lira, Elizabeth (2002), *El Espejismo de la Reconciliación Política. Chile 1990-2002.* Santiago, Chile, LOM / DIBAM / Universidad Alberto Hurtado.

Loveman, Brian y Lira, Elizabeth (2003), *Acusación constitucional contra el último ministerio del Presidente de la República don José Manuel Balmaceda.* Serie Fuentes para la Historia de la República Vol. XXII. Santiago, Chile, DIBAM / Universidad Alberto Hurtado.

Loveman, Brian y Lira, Elizabeth (2006), *Los actos de la dictadura. Comisión Investigadora 1931.* Serie Fuentes para la Historia de la República, Vol. XXVII. Santiago, Chile, LOM / DIBAM / Universidad Alberto Hurtado.

Loveman, Brian y Lira, Elizabeth (2007), "Comisión Investigadora de los Actos de la Dictadura, 1931", en Cornejo, Tomás y González, Carolina (Eds.), *Justicia y Poder.* Santiago, Chile, Ediciones Universidad Diego Portales, pp. 149-181.

Lowden, Pamela (1995), *Moral Opposition to Authoritarian Rule in Chile, 1973-90.* New Hampshire, Estados Unidos, Macmillan Press.

Luppi, Carlos (2009), *La crisis del "capitalismo salvaje". ¿Qué nos enseñó y cómo es el mundo que viene?* Montevideo, Uruguay, Editorial Veritatis.

Lutz, Wolfgang (2009), "The Demography of Future Global Population Ageing: Indicators, Uncertainty, and Educational Composition", en *Population and development review*. Vol. 35. núm. 2, junio de 2009.

Lutz, Wolfgang, Sanderson, Warren C. y Scherbov Sergei (2005), *The End of World Population Growth in the 21st. Century: New Challenges for Human Capital Formation and Sustainable Development.* Laxenburg, Austria, Earthscan and International Institute for Applied Systems Analysis.

Mackinnon, María Moira y Petrone, Mario Alberto (Comp.) (1999), *Populismo y neopopulismo en América Latina. El problema de la Cenicienta.* Buenos Aires, Argentina, EUDEBA.

Mainwaring, Scott y Soberg Shugart, Matthew (Comp.) (1997), *Presidentialism and Democracy in Latin America.* Cambridge, Inglaterra, Cambridge University Press.

Maira, Luis (2009), "¿Cómo afectará la crisis la integración regional?", en *Nueva Sociedad,* núm. 224. Caracas, Venezuela, noviembre-diciembre de 2009, pp. 144 a 163.

Manin, Bernard (1998), *Los principios del gobierno representativo.* Madrid, España, Alianza.

Marshall, Thomas H. (1950), *Citizenship and Social Class and Other Essays.* Cambridge, Inglaterra, Cambridge University Press.

Martínez Heredia, Fernando (2001), *El corrimiento hacia el rojo.* La Habana, Cuba, Letras Cubanas.

Medina Echavarría, José (1975), "Filosofía, Educación y Desarrollo", en *Textos del Instituto Latinoamericano de*

Planificación Económica y Social. México DF, México, Siglo XXI y Santiago, Chile, Editorial Universitaria SA.

Meiksins Woods, Allan (1995), *Democracy against capitalism*. Cambridge, Inglaterra, Cambridge University Press.

Merridale, Catherine (2000), *Night of Stone. Death and Memory in Twentieth –Century Russia*. Nueva York, Estados Unidos, Penguin Books.

Moniz Bandeira, Luiz Alberto (2004), *Argentina, Brasil y Estados Unidos. De la Triple Alianza al Mercosur*. Buenos Aires, Argentina, Norma.

Munck, Gerardo (2003), "Gobernabilidad democrática a comienzos del siglo XXI: una perspectiva latinoamericana", en *Revista Mexicana de Sociología*, vol. 65. núm. 3, Universidad Nacional Autónoma de México (UNAM), México DF, México, julio-setiembre de 2003.

Mussi, Carlos y Afonso, José Roberto (2008), "¿Cómo conciliar desarrollo económico con bienestar social? Algunas reflexiones sobre los nuevos desafíos latinoamericanos", en *Nueva Sociedad,* núm. 215, Buenos Aires, Argentina, mayo-junio de 2008.

Naranjo, Pedro *et al.* (2004), *Miguel Enríquez y el proyecto revolucionario en Chile*. Santiago, Chile, LOM.

Natanson, José (2008), *La nueva izquierda. Triunfos y derrotas de los gobiernos de Argentina, Brasil, Bolivia, Venezuela, Chile, Uruguay y Ecuador*. Buenos Aires, Argentina, Sudamericana.

Neruda, Pablo (1950), "Las Masacres", en *Canto General,* 1950. Disponible en línea: www.neruda.uchile.cl/obra/obracantogeneral30.HTML.

North, Douglass C., Wallis, John Joseph y Weingast, Barry R. (2009), *Violence and Social Orders*. Cambridge, Inglaterra, Cambridge University Press.

Nueva Sociedad 219. "La integración fragmentada". Caracas, Venezuela, Nueva Sociedad, enero-febrero de 2009.

Nueva Sociedad 224. "Crisis bajo control. Efectos de la recesión mundial en América Latina". Buenos Aires, Argentina, noviembre-diciembre de 2009, pp. 47-199.

O'Donnell, Guillermo (2007), *Disonancias. Críticas democráticas a la democracia.* Buenos Aires, Argentina, Prometeo.

O'Donnell, Guillermo, Lazzetta, Osvaldo y Vargas Cullell, Jorge (Comp.) (2003), *Democracia, desarrollo humano y ciudadanía. Reflexiones sobre la calidad de la democracia en América Latina.* Rosario, Argentina, PNUD / Homo Sapiens Ediciones.

ONU (2002), *World Population Prospects. The 2000 Revision,* Vol. III. Analytical Report. Nueva York, Estados Unidos, Naciones Unidas.

ONU (2003), *World Population Prospects. The 2002 Revision.* Vol.1. Comprehensive Tables. Nueva York, Estados Unidos, Naciones Unidas.

ONU (2005), *World Population Monitoring 2003. Population, Education and Development.* Nueva York, Estados Unidos, Naciones Unidas.

ONU (2009), *World Economic Situation and Prospects 2009, Update as of Mid-2009.* Nueva York, Estados Unidos, Naciones Unidas. Disponible en línea: www.un.org

Orellana, Patricio y Quay Hutchinson, Elizabeth (1991), *El movimiento de Derechos Humanos en Chile, 1973-1990.* Santiago, Chile, Centro de Estudios Políticos Latinoamericanos Simón Bolívar (CEPLA).

Organización de Estados Americanos (OEA) (2009), Secretaría de Asuntos Políticos. *La crisis económica global: efectos y estrategias políticas.* Washington DC, Estados Unidos, OEA. Disponible en línea: www.oas.org

Organización de Naciones Unidas para la Agricultura y la Alimentación (FAO) (2009), "Síntesis sobre el Hambre", Roma, Italia, FAO.

Organización Internacional del Trabajo (OIT) (2009), *Tendencias mundiales del empleo 2009*. Ginebra, Suiza, OIT. Disponible en línea: www.ilo.org

Organización para la Cooperación y Desarrollo Económico (OCDE) (2009), *Perspectivas económicas de América Latina 2009*. París, Francia, Centro de Desarrollo de la OCDE.

Ortiz, Renato (1996), *Otro territorio. Ensayos sobre el mundo contemporáneo*. Buenos Aires, Argentina, Universidad Nacional de Quilmas.

Pacheco, Máximo (1980), *Lonquén*. Santiago, Chile, Editorial Aconcagua, 1a. ed. (La primera edición fue confiscada).

Panizza, Francisco (Comp.) (2009), *El populismo como espejo de la democracia*. Buenos Aires, Argentina, Fondo de Cultura Económica.

Parada Maluenda, José Manuel (1985), *Pido Respeto*. Santiago, Chile, Emisión Editores. Libro póstumo en memoria de su autor, asesinado en marzo de 1985.

Pasquino, Gianfranco (2004), *Sistemas políticos comparados*. Buenos Aires, Argentina, Prometeo / Bononiae Libris.

Petras, James (s/f), *Democracia y capitalismo. Transición democrática o neoautoritarismo*. s/l, s/e.

Pinto Vallejos, Julio (2006), *Cuando Hicimos Historia*. Santiago, Chile, LOM Ediciones.

Pinto, Aníbal (1957), *Chile: Un caso de desarrollo frustrado*. Santiago, Chile, Editorial Universitaria.

PNUD (2002), *Profundizar la democracia en un mundo fragmentado. Informe sobre desarrollo humano 2002*. Nueva York, Estados Unidos, PNUD/Oxford University Press. Disponible en línea: www.undp.org

PNUD (2004), *La democracia en América Latina. Hacia una democracia de ciudadanas y ciudadanos*. Nueva York, Estados Unidos, PNUD. Disponible en línea: www.undp.org

Podestá, Bruno, Gómez Galán, Manuel, Jâcome, Francine y Grandi, Jorge (2000), *Ciudadanía y mundialización. La sociedad civil ante la integración regional*. Madrid, España, CEFIR / CIDEAL / INVESP.

Prats, Joan (2001), "Gobernabilidad democrática para el desarrollo humano. Marco conceptual y analítico", en *Revista Instituciones y Desarrollo*. núm. 10. Instituto Internacional de gobernabilidad de Cataluña (IIG), Barcelona, España, octubre de 2001.

Putnam, Robert (1993), "The Prosperous Community", en *The American Prospect*, Vol. 4. núm. 13.

Quiroga, Yesko, Canzani, Agustín e Insignia, Jaime (Comp.) (2009), *Consenso progresista. Las políticas sociales de los gobiernos progresistas del Cono Sur.* Montevideo, Uruguay, Fundación Ebert.

Regalado Álvarez, Roberto (2005), "La izquierda latinoamericana hoy", en *Cuadernos* del Cea. La Habana, Cuba, CEA.

Revilla, Marisa y Suárez, Ignacio (2010), "Hacia una mayor eficacia de la cooperación internacional para la gobernabilidad y la convivencia democrática en América Latina", Documentos sobre Gobernabilidad y Convivencia Democrática en América Latina. San José, Costa Rica, FLACSO / AECID. Disponible en línea: http://www.flacso.org/fileadmin/usuarios/documentos/mas_documentos/Investigaciones%20Tem%C3%A1ticas/Revilla-Suarez.pdf

Rivera Banuet, José (Secretario Permanente del SELA), "América Latina y el Caribe ante la Crisis Económica Mundial". (PowerPoint).

Roitman, Marcos (2005), *Las razones de la democracia en América Latina*. México DF, México, Siglo XXI.

Rojas Aravena, Francisco (2005), *La Gobernabilidad en América Latina: Balance reciente y las tendencias a futuro. I Informe del Secretario General de FLACSO.*

San José, Costa Rica, FLACSO-Secretaría General. Disponible en línea: www.flacso.org

Rojas Aravena, Francisco (2009), *Crisis financiera. Construyendo una respuesta política latinoamericana. V Informe del Secretario General de FLACSO*. San José, Costa Rica, FLACSO-Secretaría General. Disponible en línea: www.flacso.org

Roy, Tobías (Representante Residente en Asunción del FMI), "La Crisis Económica Mundial. Causas y el Impacto sobre América Latina". (PowerPoint presentado en el Seminario organizado por CEFIR sobre el tema "La región frente a la crisis mundial. Impactos y nuevas respuestas", 8 y 9 de junio de 2009).

Ruiz-Salguero Magda y Martínez-Gómez, Ciro (2006), "Situación de los programas de formación en recursos humanos en demografía y población y desarrollo en América Latina y el Caribe". Informe de Consultoría, 7 de mayo de 2006.

Ruiz-Tagle, Jaime (1982), "Vía legal y transición al socialismo. Dos años de gobierno de la Unidad Popular", en *Mensaje. Testimonio de la historia 1971-1981*. Colecciones Mensaje. Santiago, Chile, Ediciones Aconcagua.

Sader, Emir (2009), *El nuevo topo. Los caminos de la izquierda latinoamericana*. Buenos Aires, Argentina, Siglo Veintiuno / CLACSO.

Sader, Emir y Jinkings, Yvana (2006), *Enciclopédia Contemporânea da América Latina e do Caribe*. San Pablo, Brasil, Boitempo Editores.

Samper Pizano, Ernesto (2010), "América Latina: una revolución inacabada", Documentos sobre Gobernabilidad y Convivencia Democrática en América Latina. San José, Costa Rica, FLACSO-AECID. Disponible en línea: http://www.flacso.org/fileadmin/usuarios/documentos/FIN_DE_ANO/SAMPER.pdf

Secretaría General Iberoamericana (SEGIB) (2009), *América Latina ante la crisis financiera internacional.* Montevideo, Uruguay, SEGIB.

Sen, Amartya Kumar (2003), *Sobre ética y economía.* Madrid, España, Alianza.

Silva Arévalo, Eduardo (2003), "Honrar la memoria de Chile. El deber de la memoria y la lucha contra el olvido", en *Mensaje*, núm. 521, agosto de 2003, pp. 44-48.

Solana, Javier (2003), "Multilateralismo eficaz: una estrategia para la Unión Europea", en *Política Exterior*, núm. 95, pp. 37-46.

Sosnowski, Saúl y Patiño, Roxana (1999), *Una cultura para la democracia en América Latina.* México DF, México, UNESCO / FCE.

Sotillo, José y Ayllón, Bruno (Eds.) (2006), *América Latina en construcción. Sociedad política, economía y relaciones internacionales.* Madrid, España, Ed. Catarata / UCM.

Svampa, Maristella (2009), *Cambio de época. Movimientos sociales y poder político.* Buenos Aires, Argentina, Siglo Veintiuno / CLACSO.

Torrado, Susana (2006), "Hogares y Familia en América Latina". Documento presentado a la II Sesión Plenaria del II Congreso de la Asociación Latinoamericana de Población.

Urbinati, Nadia (2006), *Representative Democracy. Principles and Genealogy.* Chicago, Estados Unidos y Londres, Inglaterra, University of Chicago Press.

Urquidi, Víctor L. (2002), *Los Desafíos del Desarrollo Sustentable en la Región Latinoamericana.* México DF, México, El Colegio de México.

Valdes-Ugalde, Francisco y Ansolabehere, Karina María (2010), "Conflicto constitucional en América Latina: entre la inclusión y el cinismo", en Puchet, Martín, Rojas, Mariano, Valdés, Francisco y Valenti, Giovanna (Eds.), *América Latina: problemas centrales y oportunidades promisorias*. México DF, México, FLACSO-México (en prensa).

Vargas Viancos, Juan Enrique (1990), "El caso chileno ante el Sistema Interamericano de Protección de los Derechos Humanos", en *Revista Chilena de Derechos Humanos 12*, pp. 11-29.

Vargas Viancos, Juan Enrique (1990), "El caso chileno ante la comunidad internacional". Programa de Derechos Humanos, Universidad Academia de Humanismo Cristiano núm. 12, Santiago, Chile, abril de 1990.

Veneros, Diana (2003), *Salvador Allende*. Santiago, Chile, Editorial Sudamericana.

Von Haldenwang, Christian (2005), "Gobernanza sistémica y desarrollo en América Latina", en *Revista de la CEPAL 85*, abril de 2005.

Winn, Peter (1986), *Weavers of Revolution. The Yarur Workers and Chile's Road to Socialism*. Nueva York, Estados Unidos, Oxford University Press.

Zapata Barrero, Ricardo (1995), "Hacia una Teoría Normativa de la Ciudadanía Democrática", en *Leviatán* 59, Madrid, España.

Zavaleta, René (1986), "Cuatro conceptos de la democracia", en Labastida, Julio, *Los nuevos procesos sociales y la teoría política contemporánea*. México DF, México, Siglo XXI.

Discursos y documentos

Discurso del Subsecretario del Ministerio del Interior, Jorge Correa Sutil con ocasión del 12 aniversario del Informe de la Comisión de Verdad y Reconciliación, 3 de marzo de 2003. Programa de Derechos Humanos. Ministerio del Interior. Documento Interno.

Edicto de Nantes, 1598. Disponible en línea: http://palissy. humana.univ-nantes.fr/CETE/TXT/EDN/index.html

Última alocución de Salvador Allende en "Radio Magallanes". Disponible en línea: www.salvador-allende.cl/ Discursos/1973/despedida.html

Prensa

"A special report on the new middle class", en *The Economist*, 14 de febrero de 2009.

"En Isla Quiriquina, ex presos políticos se reencontraron con su historia y aliviaron sus temores", en *Tribuna del Bío Bío*, 11 de noviembre de 2007. Disponible en línea: www.tribunadelbiobio.cl/portal/index. php?option=com_content&task=view&id=788&Item id=95

"The disappearing family", en: *The Economist*, 9 de septiembre de 1995.

"The Family, Home sweet home", en *The Economist*, 9 de septiembre de 1995.

Páginas *web*:

Asociación Latinoamericana de Integración (ALADI): www.aladi.org

Asociación para la recuperación de la memoria histórica: www.memoriahistorica.org

Banco Interamericano de Desarrollo (BID): www.iadb.org

Banco Mundial: www.bancomundial.org

Biblioteca del Congreso Nacional de Chile: www.bcn.cl

Bicentenario Chile 2010: www.chilebicentenario.cl

Central Intelligence Agency, CIA Activities in Chile: https://www.cia.gov/library/reports/general-reports-1/chile/index.html#6

Centro Latinoamericano para las relaciones con Europa (CELARE): www.celare.org

Comisión Económica para América Latina (CEPAL): www.eclac.org

Comisión Interamericana de Derechos Humanos: www.cidh.org

Conferencia de las Naciones Unidas sobre Comercio y Desarrollo (UNCTAD): www.unctad.org

Corporación de Promoción y Defensa de los Derechos del Pueblo, Chile: www.codepu.cl

Derechos Chile: www.derechoschile.com

Dirección de Bibliotecas, Archivos y Museos (DIBAM), Chile: www.dibam.cl

Fondo Monetario Internacional (FMI): www.imf.org

Freedom House: www.freedomhouse.org

George Washington University, The National Security Archive, Chile Documentation Project: http://www.gwu.edu/~nsarchiv/latin_america/chile.htm

Grupo de Memoria Histórica de la Comisión Nacional de Reparación y Reconciliación – CNRR de Colombia: www.memoriahistorica-cnrr.org.co

Instituto Brasileiro de Geografía y Estadística (IBGE): www.ibge.org.br

Instituto Real Elcano: www.realinstitutoelcano.org

Mercado Común del Sur (MERCOSUR): www.mercosur.org.uy

Memoria Abierta, Argentina: www.memoriaabierta.org.ar

Memoria chilena. Portal de la Cultura de Chile: www.memoriachilena.cl

Memoria Viva, Archivo digital de las violaciones de los derechos humanos de la dictadura militar en Chile: www.memoriaviva.com

Memoria y justicia. Los procesos en contra de Augusto Pinochet en Chile: www.memoriayjusticia.cl

Ministerio de Bienes Nacionales de Chile: www.bienes.cl

New York Times: www.nytimes.com

Nuestro Chile, Sitio del patrimonio cultural chileno: www.nuestro.cl/notas/noticias/memoria_derechos.htm

Oficina Nacional de Emergencia del Ministro del Interior, Chile: www.onemi.cl

Organización de Estados Americanos (OEA): www.oea.org

Organización de Naciones Unidas (ONU): www.un.org

Organización de Naciones Unidas para la agricultura y la alimentación (FAO): www.fao.org

Organización de Naciones Unidas para la Educación, la Ciencia y la Cultura (UNESCO): www.unesco.org

Organización Mundial de Comercio (OMC): www.wto.org

Programa de Derechos Humanos, Ministerio del Interior de Chile: www.ddhh.gov.cl

Programa de Naciones Unidas para el Desarrollo (PNUD): www.undp.org

Proyecto de Información de los Derechos Humanos Dawson2000.com: www.dawson2000.com/agol.htm

Red de Defensores no institucionalizados de Colombia: www.dhcolombia.info

Transparencia Internacional: www.transparency.org

Unión Europea: http://europa.eu/index_es.htm

Otros

Trilogía documental "La batalla de Chile" de Patricio Guzmán.

ANDREA ÁLVAREZ-MARÍN: Historiadora por la Universidad de Costa Rica. Fue el primer promedio de la carrera de Historia en 2006 y 2007. Desde enero de 2009 trabaja como asistente de investigación en la Secretaría General de la Facultad Latinoamericana de Ciencias Sociales (FLACSO). Es directora del grupo empresarial "Álvarez y Marín Corporación" desde 2004 y fundadora y miembro de la Junta Directiva de la Asociación para la potenciación del liderazgo y ascenso social (ALAS) desde 2008. Entre sus publicaciones están: Álvarez Marín, Andrea y Morales Rivera, Valeria. "Epidemias de los siglos XX y XXI: Representaciones y respuestas sociales ante la aparición del SIDA en Costa Rica (1980-2008)", en Número especial de la *Revista Diálogos*. Revista Electrónica de Historia, Universidad de Costa Rica, 2008; Álvarez Marín, Andrea. "El suicidio en la prensa de Costa Rica (1900-1950)", en Número especial de la *Revista Diálogos*. Revista Electrónica de Historia, Universidad de Costa Rica, 2010 y Rojas Aravena, Francisco y Álvarez Marín, Andrea. "Seguridad humana. Un estado del arte", en *Revista Temas*. Cultura, ideología y sociedad. No.64, Cuba, octubre-diciembre de 2010.

GERARDO CAETANO HARGAIN: Doctor en Historia por la Universidad Nacional de La Plata, Argentina. Coordinador académico del Observatorio Político del Instituto de Ciencia Política de la Facultad de Ciencias

Sociales, de la Universidad de la República. Coordinador del Programa de Investigaciones Interdisciplinarias sobre "Estado, Integración e Historia Política", del Centro Latinoamericano de Economía Humana (CLAEH). Coordinador General de la Escuela de Gobernabilidad y Acción Publica del CLAEH. Fue premiado en el rubro "Ensayo e Investigación", Premios Banco de Boston. Recibió el Premio Morosoli de Plata en el rubro "Investigación en Historia", Premios de la Fundación Lolita Rubial, 2004. Seleccionado con el libro *20 años de democracia. Uruguay 1985 -2005. Miradas múltiples*, para la terna del premio Bartolomé Hidalgo a la producción politológica del periodo 2004-2005. Designado por unanimidad como Académico de Número de la Academia Nacional de Letras del Uruguay. (2006). Entre sus más recientes publicaciones se encuentran: Gerardo Caetano. "Integración regional y estrategias de reinserción internacional en América del Sur. Razones para la incertidumbre." En: *Revista Nueva Sociedad*, No.219, pp. 157-ss, 2009; Gerardo Caetano. "Argentina y Uruguay entre la Cuenca del Plata y el MERCOSUR. Notas para la reflexión en un contexto de distanciamiento". En: *Densidades*, v. 3, pp. 7-36, 2009; Gerardo Caetano. Colección Liber Seregni. Tomo III. *Los años de prisión bajo la dictadura. (1973-1984)*. Ed. 1, Montevideo, Taurus, 2009 y Gerardo Caetano; VARIOS AUTORES, *Aportes para una formación innovadora en temas de integración regional*. Montevideo, 2008.

ELIZABETH LIRA KORNFELD: Magíster en Ciencias del Desarrollo por la U. Católica de Lovaina, (1975- 1977). Psicóloga por la Pontificia Universidad Católica de Chile (1971). Terapeuta Familiar por el Instituto Chileno de Terapia Familiar (1987-1989). Presidenta del Consejo Superior de Ciencias de FONDECYT (2005-2006). Consejera de Ciencias Sociales (2003-2006) Fondo de Investigaciones (FONDECYT) de la Comisión Nacional de Investigación

Científica y Tecnológica de Chile.(CONICYT). Actualmente se desempeña como directora del Centro de Ética de la Universidad Alberto Hurtado, Santiago, Chile. Ha recibido varias distinciones en las cuales destacan: "Premio a los Derechos Humanos René Cassin". Otorgado a los miembros de la Comisión de Prisión Política y Tortura por la comunidad judía de Chile (2005); "International Humanitarian Award" de American PsychologicalAssociation (2002); "Martin Diskin Award"-Latin American Studies (LASA) y OXFAM,Washington (2001) y "Premio Psicología y Desarrollo Nacional" otorgado por el Colectivo Chileno de Psicología y Desarrollo Nacional (2001). Entre sus más recientes publicaciones se encuentran: Lira, Elizabeth (Ed.), "Chile: dilemas de la memoria política". En: Guixé Coromines, Jordi e Iniesta, Montserrat. *Políticas Públicas de la Memoria.* I Coloquio Internacional Memorial Demócratic. Barcelona, España, Editorial Milenio / Memorial Demócratic, 2009, pp. 39-83; Loveman, Brian y Lira, Elizabeth. "Comisión Investigadora de los Actos de la Dictadura, 1931". En: Cornejo, Tomás y González, Carolina. Eds. *Justicia y Poder.* Santiago, Chile, Ediciones Universidad Diego Portales, 2007, pp. 149-181 y Loveman, Brian y Lira, Elizabeth. *Los actos de la dictadura. Comisión Investigadora 1931.* Serie Fuentes para la Historia de la República, Vol. XXVII. Santiago, Chile, LOM/ DIBAM/ Universidad Alberto Hurtado, 2006.

OSVALDO MARTÍNEZ MARTÍNEZ: Licenciado en Economía por la Universidad de La Habana (1967). Doctor en Ciencias Económicas en el Instituto de Relaciones Internacionales en Potsdam, Alemania (1985). Ministro de Economía y Planificación de la República de Cuba (1995). Diputado al Parlamento Cubano y Presidente de la Comisión Permanente de Economía de dicho Parlamento. Reelegido por cuarta vez como Diputado y Presidente de Comisión para el periodo 2008-2013. Miembro del Grupo de

Expertos de Naciones Unidas sobre el tema del Derecho al Desarrollo (1994). Director del Centro de Investigaciones de la Economía mundial (CIEM) de La Habana, Cuba. Premio Nacional de Economía de la República de Cuba (1999). Ha sido autor de numerosas publicaciones, entre las cuales destacan: "Tercer Mundo y Economía Internacional", Editorial de Ciencias Sociales, La Habana (1988); "Neoliberalismo en Crisis" La Habana (1999), "Neoliberalismo, ALCA y Libre Comercio", Editorial de Ciencias Sociales, La Habana (2005), "La compleja muerte del neoliberalismo", Editorial de Ciencias Sociales, La Habana (2007).

CARMEN MIRÓ GANDÁSEGUI: Es Licenciada de la Facultad de Ciencias Sociales y Económicas de la Universidad de Panamá. Bachelor of Arts ("Major" en Sociología y "Minor" en estadística), The College of Saint Catherine, St. Paul, Minnesota, E.U. Tiene un Postgrado en Estadísticas Vitales de la Johns Hopkins University, Baltimore, Maryland, E.U. United States Public Health Service, Washington DC, *"In service training"* en métodos censales y estadísticas vitales. Postgrado en Demografía y Economía. Candidata al Doctorado (Ph.D) London School of Economics and Political Science, Londres, Inglaterra. Es miembro del Consejo Nacional de Educación de Panamá; Miembro del Grupo de Apoyo Sociedad y Cultura del Comité Consultivo de la Ciudad del Saber; Miembro de la Comisión de Ciencias Sociales de la Secretaría Nacional de Ciencia, Tecnología e Innovación (SENACYT); Presidenta del Consejo Directivo del Centro de Estudios Latinoamericanos (CELA) "Justo Arosemena"; Miembro del Consejo Editorial de la Revista TAREAS; Miembro del Consejo Asesor de "Population and Development Review" que publica el Population Council de Nueva York. Miembro del Consejo Editorial de Papeles de Población de la Universidad Autónoma del Estado de México y Asesora Permanente de DEMOS,

Carta Demográfica sobre México. Universidad Autónoma de México. Es miembro del Comité Asesor del Proyecto de Homologación de Datos Censales de América Latina (IPUMS) Centro de Población Universidad de Minnesota, Minneapolis, Minnesota. Ha sido galardonada con importantes distinciones de reconocidos centros e institutos de investigación y ha recibido el Doctorado Honoris Causa de la Universidad Nacional de Córdoba, Argentina y de la Universidad de La Habana, Cuba.

FRANCISCO RHON DÁVILA: Filósofo, Antropólogo y Económico del Desarrollo. Actualmente se desempeña como Director de la Junta Especialista en Directiva de CEPESIU. Se desempeñó como Asesor del Asambleísta Alberto Acosta en 2008, y como Asesor del Presidente de la Asamblea Constituyente entre 2007 y 2008. Fue Secretario de la XX Asamblea de CLACSO. Se ha desempeñado como Miembro a Titulo Individual del Consejo Superior de la FLACSO de 2002 a la fecha. Sus más recientes publicaciones son: *Artículos y estudios sobre Cooperación Internacional,* 1996, Lima-Perú, Nueva Sociedad edt., y sobre *Estado y Movimientos étnicos,* CLACSO, 2002.

FRANCISCO ROJAS ARAVENA: Dr. en Ciencias Políticas por la Universidad de Utrecht y especialista en relaciones internacionales y seguridad pública. Ha sido el Secretario General de la Facultad Latinoamericana de Ciencias Sociales (FLACSO) desde 2004 y fue Director de FLACSO-Chile (1996-2004). Laboró como profesor en la Escuela de Relaciones Internacionales de la Universidad Nacional (UNA) de Costa Rica y en la Universidad de Stanford en el campus de Chile. Entre sus más recientes publicaciones se encuentran: *VI Informe del Secretario General. Confianza: base para la gobernabilidad y la convivencia democrática en América Latina y el Caribe*

(Costa Rica, en prensa, 2010); *V Informe del Secretario General. Crisis financiera. Construyendo una respuesta política latinoamericana* (Costa Rica, FLACSO-Secretaría General, 2009); en coedición con Luis Guillermo Solís, *Crimen organizado en América Latina y el Caribe* (Chile, FLACSO-Secretaría General/ Catalonia, 2008); en coedición con Josette Altmann, *América Latina y el Caribe: ¿fragmentación o convergencia? Experiencias recientes de la integración* (Quito, FLACSO-Ecuador/ Ministerio de Cultura/ Fundación Carolina, 2008); en coedición con Cynthia Arnson y Claudio Fuentes, *Energy and Development in South America: conflict and cooperation* (Washington, Woodrow Wilson Center, 2008) y con David Mares, *The United States and Chile: coming in from the cold* (New York, Routledge, 2001).

FRANCISCO VALDÉS UGALDE: Doctor en Ciencia Política por la Universidad Nacional Autónoma de México (UNAM), Investigador Titular del Instituto de Investigaciones Sociales de la misma universidad y Director de la Facultad Latinoamericana de Ciencias Sociales, Sede Académica de México. Es miembro de la Academia Mexicana de Ciencias, de la Organización Americana de Historiadores, de la Asociación Latinoamericana de Ciencia Política, de la Asociación Española de Ciencia Política y Administración Pública, de la Latin American Studies Association, y otras asociaciones profesionales internacionales. Es miembro del Sistema Nacional de Investigadores y de los consejos editoriales de: *Revista Mexicana de Sociología, Journal of American History, Perfiles Latinoamericanos, Fractal, Facultad latinoamericana de Ciencias Sociales-México, Centro de Investigación y Docencia Económicas.* Fue Director General del Instituto Nacional de Estudios Históricos de la Revolución Mexicana de la Secretaría de Gobernación, México. A partir de 2008, Es integrante del Grupo de

Reflexión que apoya al Secretario General de la OEA. Entre sus más recientes publicaciones destacan: "Gobernanza e instituciones. Propuestas para una agenda de investigación, *Perfiles Latinoamericanos,* Vol 16, No. 31, enero-junio 2008; "Utilidad, distribución y diseño institucional. Rawls y Sen: los dilemas de la libertad y la justicia en el presente" (en coautoría con Gisela Zaremberg), en *Libertad, coordinación social y justicia. Debates fundamentales sobre liberalismo y colectivismo* 2008; *Justicia y Libertad. Debates fundamentales sobre liberalismo y colectivismo* 2008, (En coautoría con Martín Puchet, Nora Rabotnikof y Gisela Zaremberg). Instituto de Investigaciones Sociales-UNAM, FLACSO-México).

www.ingramcontent.com/pod-product-compliance
Lightning Source LLC
Chambersburg PA
CBHW051041250726
48656CB00001B/92